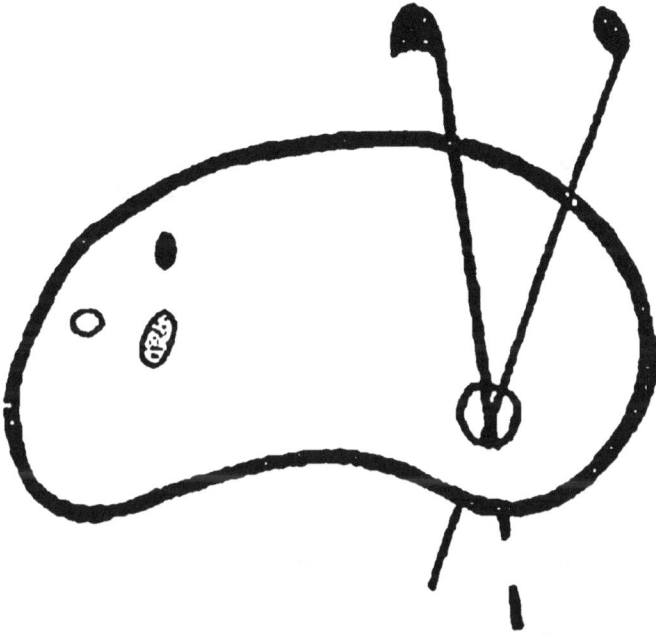

COUVERTURE SUPERIEURE ET INFERIEURE
EN COULEUR

RÉFLEXIONS PHILOSOPHIQUES

DE

DEUX ÂNES

LYON

ASSOCIATION TYPOGRAPHIQUE

F. PLAN, RUE DE LA BARRE, 12

—

1884

RÉFLEXIONS PHILOSOPHIQUES

DE

DEUX ANES

RÉFLEXIONS PHILOSOPHIQUES

DE

DEUX ÂNES

LYON

ASSOCIATION TYPOGRAPHIQUE

F. PLAN, RUE DE LA BARRE, 12

1884

RÉFLEXIONS PHILOSOPHIQUES

DE

DEUX ANES

> Je commence à croire qu'il faut beaucoup se
> défier des livres, — Il faut en user avec eux
> comme avec les hommes, choisir les plus rai-
> sonnables, les examiner, et ne se rendre jamais
> qu'à l'évidence.
>
> VOLTAIRE, *L'Homme aux quarante écus.*

———————◆›››✖‹‹‹◆———————

Chers lecteurs, les réflexions philosophiques que vous allez
lire, si vous voulez bien vous donner cette peine, sont de deux
ânes, comme le titre vous l'indique.

C'est peu engageant, allez-vous penser. Deux ânes ! qu'est-ce
qu'ils peuvent bien dire et penser, à supposer que ces animaux
pensent quelque chose ? Je n'en sais pas plus que vous. Mais ce
qui va suivre va vous l'apprendre.

. .

Il fait un temps splendide. Le soleil verse à flots ses rayons d'or
dans l'espace, et met la nature tout en joie.

Un âne, dans un pré, prend tranquillement et philosophiquement son repas, qu'aucun remords de conscience ne semble troubler.

A quoi songe-t-il? Pour le moment à réparer ses forces, ce qui est une idée sérieuse et sage à la fois. Se bien porter, c'est vivre; c'est être en état de rendre service aux autres. Notre baudet relevant la tête, comme pour respirer l'air embaumé de la prairie, voit venir à lui, clopin-clopant, un de ses amis. Le nouveau venu, qui s'appelle Nicolas, semble abattu. Sa physionomie, — l'âne a une physionomie aussi bien que l'homme, — sa physionomie est triste; dans le regard, on lit une douleur.

Son camarade le regarde un instant étonné. Puis:

— D'où viens-tu ainsi, mon pauvre Nicolas, et pourquoi ce visage aussi triste?

— Je n'ai rien, mon cher Bertrand. Ou si tu veux, toujours la même chose, répond Nicolas; c'est-à-dire que je viens de recevoir, comme de coutume, une distribution de coups de fouet mêlée de coups de trique, de mon cher maître.

— Des coups de trique, c'est vite donné : cela ne se paie point, on nous le donne gratis. Et le motif?

— Les hommes en ont toujours pour frapper les bêtes. Et quand ils ont tort, ils frappent encore plus fort.

— A qui le dis-tu! Mais encore?

— Une injustice, comme d'habitude. J'étais trop chargé, et mon maître eût voulu que je portasse un fardeau au-dessus de mes forces. Ne pouvant y parvenir, je suis tombé. L'humanité aurait voulu qu'il m'aidât à me relever. Mais rien. C'est avec des injures et à grands coups de fouet qu'il me vint en aide, pour me remettre de ma chute. Cependant, à bien réfléchir, les forces de l'homme, comme celles de la bête, sont limitées. Pourquoi vouloir, sans raison, les outrepasser?

— Pourquoi? répondit Bertrand, ton *pourquoi*, mon pauvre Nicolas, est gros de réponses. D'abord parce que l'homme, notre maître, est injuste, et il est ainsi parce qu'il manque de raison et de bonté.

— Cependant il nous est supérieur?

— Ne te dénigre point, interrompit Bertrand. Supérieur,

soit. Notre espèce, je le sais, au point de vue intellectuel, est mal notée parmi les hommes, si intelligents. Nous sommes bêtes à réjouir les quarante fauteuils de l'Académie des sciences et belles-lettres. Il faut bien le croire, puisque les hommes, qui ont tant d'esprit, disent toujours, pour caractériser la bêtise d'un des leurs : *Il est bête comme un âne!* Ainsi, il faut bien que nous soyons bêtes pour être pris pour l'emblème de la bêtise et l'homme celui de l'intelligence, ce qui ne l'empêche pas d'être encore plein d'imperfections aussi bien que nous. Par *bienveillance d'esprit*, tu m'entends? et de caractère, les hommes veulent toujours avoir raison et ne jamais avoir tort, ce qui explique sans doute les coups de bâton ou de fouet intelligents qu'ils nous donnent parfois sans motif ou injustement, comme pour toi tout à l'heure. Il faut donc croire ce qu'ils disent de nous : que notre espèce est bête, que nous sommes bêtes, et nous résigner philosophiquement à notre sort, à notre humble et utile condition, rehaussée, comme tu sais, par l'honneur de servir une autre espèce plus aimable, plus intelligente et plus *douce* que ne le sera jamais la nôtre.

Cependant, quoique pauvre d'esprit, je connais le bien et le mal ; le juste et l'injuste. Tu sais, et moi aussi, que ce n'est pas assez pour être académicien, mais c'est suffisant pour se bien conduire toujours avec ses semblables et ne jamais faire à autrui ce que l'on ne voudrait pas qu'il nous fît, maxime que nous entendons souvent citer tous les deux, mais que l'on ne pratique jamais.

Tu me dis qu'ils nous sont supérieurs. Je veux bien te le démontrer. On dit aussi de nous : *Têtu comme un âne!* Est-ce bien vrai? Si l'on nous donne charitablement et exclusivement ce joli défaut, c'est injustement et non par générosité. L'homme, cette espèce pédante, n'est généreux que pour lui. Et en fait de mérite, de qualités, il se fait toujours la part très-belle : il les prend toutes, le malheureux, pensant avec raison ou égoïsme qu'en toutes choses abondance de bien ne peut pas nuire. Il faut examiner. Sous le rapport de l'entêtement, je crois que les hommes peuvent nous rendre des points, qu'ils nous sont bien supérieurs, ne leur en déplaise. Pour ce qui me regarde, je ne le suis pas plus qu'un autre, et nous ne le sommes pas autant qu'on veut bien le dire. Il nous faut toujours faire comme les hommes veulent, aller où ils veulent. Nous ne devons pas avoir d'idées, pas de pensées ; si nous en avons, il ne faut pas les montrer et encore moins les manifester. Si la moindre petite fantaisie nous prend de faire un peu à notre volonté, d'aller à *huho* ou à *dia*, vlan ! un coup de trique ; si nous persistons dans notre idée, dans notre désir, de nouveaux coups, plus violents que les premiers, pour nous mieux faire comprendre, tombent sur notre échine. Nous cédons. Après cela on dit que nous sommes têtus... comme des ânes, naturellement. Et tu me dis qu'ils nous sont supérieurs ?

— Oui, cela tient à leur intelligence, à une certaine manière que nous n'avons pas.

— Sans doute, je le veux bien. Je me rends à l'évidence, à la vérité. Ce qui est, je ne le nie point ; la plupart des miens font de même, ce que les hommes ne font pas toujours, malgré leur supériorité sur nous. Je reconnais et proclame bien haut la supériorité de leur intelligence sur la nôtre. C'est entendu, bien vu ; ils ont de l'esprit, beaucoup d'esprit ; nous, nous n'en avons pas, mais seulement une patience sublime, — qu'ils n'auront jamais, — et avec laquelle nous supportons les mauvais traitements qu'ils nous infligent, sous prétexte que nous sommes vicieux. Vicieux ! si cela ne fait pas rire ! Que de gens de toutes les classes de la société et de toutes conditions mériteraient d'être fouettés comme nous, pour le même motif !

— Tu viens de parler de patience, reprit Nicolas. En effet, la nôtre est grande. C'est bien rare quand nous élevons une plainte. Les hommes se plaignent toujours ! Combien de fois, cependant, au premier endroit venu, ne sommes-nous pas abandonnés à tous les temps : qu'il vente, qu'il pleuve, qu'il grêle ou qu'il neige ; qu'il fasse chaud, qu'il fasse froid, nous attendons patiemment, sans rien dire, le retour de notre cher maître. Malades, il faut encore marcher, toujours sans se plaindre. Si nous tombons, soit de fatigue ou de maladresse, ce qui arrive aux hommes comme à nous, c'est à grands coups de fouet qu'ils nous aident à nous relever. Les hommes supporteraient-ils cela comme nous ? S'ils ont de la pitié, ce n'est pas toujours envers nous qu'ils en dépensent, et, s'ils sont supérieurs à nous, ce n'est pas de ce côté et pas davantage pour la patience.

— Supérieurs, c'est toi qui le dis. Nous sommes des bêtes, c'est vrai. Mais, crois-moi, l'homme en est une autre plus méchante encore. Passons là-dessus et revenons à leur esprit. Dis-moi un peu ce qu'ils en font... de cette intelligence dont ils sont si fiers? Je voudrais bien que tu me prouvasses, par quelques démonstrations, le bon usage qu'ils en font les uns envers les autres? Est-ce pour vivre en paix? Assurément, non. Ils sont toujours en guerre. Ils n'ont jamais fait que cela entre eux, et tant que le monde vivra, tant que les hommes existeront, ce sera toujours la guerre. Il ne faut pas beaucoup de clairvoyance, d'esprit pour prédire cela. Il faut les regarder. Dans l'infini, dans les profondeurs de l'avenir, je vois entre eux la guerre et toujours la guerre. C'est sans doute pour cela qu'ils sont nés. Quand on les observe un peu, on ne peut pas trop penser autrement. Je chasse quelquefois cette pensée importune de mon faible esprit; mais les injustices que je vois commettre me la ramènent aussitôt. Il ne peut en être autrement, selon moi, et je ne puis trop penser d'une autre façon. C'est ainsi. Parmi eux, je ne vois que dispute, jalousie, calomnie les uns envers les autres. Ils ne cherchent pas à s'aider, à s'obliger, mais le plus souvent à se nuire et se porter un mutuel préjudice. L'intelligence, ce me semble, — c'est bien là son bon et beau côté, — devrait servir à se rendre heureux les uns les autres, et adoucir autant qu'il est possible, par des bons procédés, le peu de temps que nous passons ici-bas. Point du tout. C'est le contraire qui frappe mes regards et les attriste parfois quand je songe à leur étourderie.

Je viens de te parler de la guerre qu'ils se font. Eh bien! je te le demande, est-ce là la preuve d'un bon esprit? Se faire la guerre, bonté divine! Si, comme nous, ils étaient des ânes, je le comprendrais : nous sommes si bêtes! fit-il en riant. Mais des hommes! des hommes qui ont de l'esprit, qui prétendent en avoir en toutes choses! Que feraient-ils donc, s'ils n'en avaient pas? Pour être supérieur et se croire supérieur à la bête, il ne faut pas faire ce qu'elle fait. Si quelque chose peut bien ressembler à la bêtise, c'est bien à coup sûr la guerre, et si quelque chose aussi peut nous donner le triste spectacle d'une tourmente continuelle, c'est encore cette pauvre et folle humanité qui pourrait vivre en paix et tranquille, mais qui ne le sait pas ou ne veut pas le faire, parce que les hommes, avec tout leur esprit, n'en ont pas encore assez, ou du moins pas le bon, pour s'entendre et se faire des concessions mutuelles.

Dans leurs discours, ils se disent tous frères : le plus souvent, ils sont tous courroucés les uns contre les autres, sans motif bien sérieux, amour-propre froissé quelquefois pour être à la place d'un autre, sans réfléchir si l'on possède les talents nécessaires pour le remplacer. Parmi eux, tout est sujet de discorde. La grande science qui manquera toujours aux hommes est celle de savoir se connaître. Socrate a voulu le leur enseigner; il en a été pour sa peine. Qui profite et suit ses sages conseils? Je crois qu'il n'y en a pas. On lit ses maximes et chacun fait à sa tête. Ceux qui voudront imiter ce sage philosophe ne seront pas plus heureux dans leur entreprise. Les hommes ne s'observant pas et ne se connaissant pas, ne sois pas étonné de leurs prétentions plus ou moins ridicules auxquelles ils doivent sans doute leur orgueil et qui les rendent tous injustes, la plupart du moins, les uns envers les autres.

Leurs injustices sont parfois si grandes qu'on dirait que tout ce qui est humain, raisonnable, leur est inconnu et complètement étranger; qu'ils ne peuvent pas être autrement ce qu'ils sont : injustes et se faire mutuellement le plus de peine possible.

Fais le tour du monde, de l'univers : partout où tu trouveras l'homme, tu trouveras le mal; partout où se porteront tes pas, tes regards, tu rencontreras la discorde, la haine, la guerre. Tu rencontreras ce que l'homme porte en lui, toujours avec lui, source de ces discordes : l'injustice.

Voyage un peu. Sur toute la surface du globe, par le fait de leurs caractères à tous, tu rencontreras des hommes qui passent leur temps ou le perdent à s'exercer au maniement des armes pour se tuer le plus promptement possible les uns et les autres. On dirait que la mort ne vient pas assez vite; et je crois qu'ils l'inventeraient si elle n'existait point.

Les sauvages se font la guerre. Cela se comprend ; ils ne sont pas civilisés. Mais les peuples civilisés qui font de même, qui se livrent au même délassement, que sont-ils donc ?

Ami, crois-moi, pour vivre aussi mal que les hommes, l'esprit des ânes est suffisant ; mais, aux hommes, pour vivre raisonnablement, équitablement, il leur faudrait la patience et l'esprit des ânes.

Quand je les vois se tourmenter, se morfondre comme ils le font, je me demande toujours ce qu'ils veulent. Nul n'est bien content où il est, chacun voudrait être où il n'est pas et ne pas être où il est. Sans rien savoir, l'inconnu les attire. Je ne leur vois pas beaucoup de raison. On dirait qu'ils ne doivent pas quitter notre pauvre globe terrestre. Enfants qu'ils sont tous ! Pour vivre un instant ici-bas, est-ce donc si difficile ? Il me semble, à moi, que rien n'est plus simple si on voulait le comprendre. La seule chose dont on devrait s'occuper, — je sais bien que je parle dans le désert ; mais, à nous deux, je puis bien te dire mes pensées et moi recevoir les tiennes ?... — la seule chose dont les hommes devraient s'occuper, c'est de *bien vivre*..., je m'entends, et l'on doit me comprendre. C'est-à-dire vivre équitablement avec tous et respecter le bien de tous. A chacun selon son travail, seulement s'aider les uns les autres, ce qui est un devoir pour tous les citoyens, et que tous doivent observer. De cette sage conduite observée par tous naît la paix du cœur, de l'âme, de l'esprit, ce qui est bien souvent la source d'une bonne santé. Les révolutions et les affections morales dérangent nos organes, troublent notre digestion et notre sommeil ; qui n'éprouve rien de tout cela s'en trouve toujours bien. Soyez honnête toujours pour être heureux... du bien que vous aurez fait. Le contentement de soi est la première joie.

La vie est de courte durée. Nul n'est sûr du lendemain. *L'homme propose et Dieu dispose.* Puisque nous ne sommes sûrs de rien, à quoi bon être égoïste et méchant ? Puisque la vie est de courte durée, tâchons de la rendre agréable autant que possible par nos bons soins réciproques. La vie sans la santé n'a point de charme. On pourrait presque dire que se bien porter, c'est vivre deux fois. Occupons-nous d'abord de l'agriculture, le

premier des arts et la première des industries, sans laquelle bêtes
et gens ne pourraient vivre.

La santé du corps tient aussi aux bons aliments : ne mangeons
que de bonnes choses, c'est-à-dire saines, telles que le Créateur,
dans sa bonté infinie, veut bien nous les envoyer à chaque sai-
son. Conservons notre santé, faisons des efforts pour cela, afin
d'avoir l'esprit tranquille, — la maladie est une inquiétude, — et,
pour occuper nos loisirs, consacrons un peu de cet esprit aux
arts, aussi bien pour le distraire, l'élever et le détourner du désir de mal faire. Pour se bien porter, ne dénaturons rien par la
falsification qui est un crime. Tout aliment falsifié est nuisible à
la santé. A cet égard faire une loi très-sévère contre les falsificateurs. Les punir de *dix ans de travaux forcés* pour la première
fois, et, en cas de *récidive, à perpétuité.*

— C'est te donner bien d'ouvrage et de peine. La falsification
a toujours existé ; cela se perd dans la nuit des temps. Il y a
toujours eu des falsificateurs, il y en aura toujours, dit Nicolas.

— Je le sais comme toi, reprit Bertrand avec calme. Mais à
cela je te répondrai que la maladie a toujours existé ; cependant
toujours on la combat. Il est plus facile d'arrêter la fraude qu'une
épidémie, ou, du moins, il est toujours facile de la punir dans
le falsificateur. Parce qu'une chose a toujours existé, est-ce une
raison pour en souffrir et ne point la combattre ?

Je tiens à mon idée puisque l'on dit que nous sommes têtus.
Autant de falsificateurs, autant de forçats. Si les hommes étaient
sérieux, c'est ce qu'ils feraient, et, s'ils étaient tous sérieux, ils
seraient tous honnêtes ; ils auraient ce que la plupart n'ont pas.
Le devoir des plus sages est de pousser les autres au bien et
d'arrêter le mal quand il se présente, sous quelque forme que ce
soit. C'est là le but que doit se proposer une société civilisée ;
quand elle ne le fait pas, elle manque à ses devoirs.

.·.

Dans l'humanité, on cherche quelquefois l'humanité pour ne pas la trouver toujours. Cependant on parle fraternité, mais que fait le mot sans l'action elle-même ? En parler seulement pour ne la pas pratiquer soi-même, c'est paroles vaines.

— Je partage ta manière de voir, dit Nicolas. Mais il faut bien dire aussi que les paroles fraternelles ne trouvent pas toujours d'écho dans tous les cœurs, ni dans tous les esprits. On les entend bien ces bonnes paroles, mais on ne les écoute pas. Que peuvent alors les paroles, et même les exemples, devant la mauvaise volonté des uns et des autres ? Chacun croit devoir conserver dans ses intérêts, ses idées, son caractère bon ou mauvais, mais que tous trouvent excellent, quoique détestable. Et, satisfait de soi, chacun de son côté continue d'être injuste envers ses semblables avec la pensée intime qu'il est supérieur à tous. Les plus injustes ont quelquefois cette prétention plus élevée que d'autres, qui sont équitables en toutes choses sans prétention. Est-tu de mon avis ?

— Tu dis tout simplement ce que je pense, lui dit Bertrand. Ce qui divise encore les hommes, tu dois le voir comme moi, c'est l'esprit de parti, une manière de voir différente, ou pour mieux dire, peut-être, les intérêts de tous mis en lutte, que chacun, injustement, trop souvent veut sauver au préjudice de son voisin, *son frère*, comme ils disent dans leurs discours. L'esprit de parti n'est pas autre chose que la lutte des intérêts de chaque individu mis en cause. On veut moins le triomphe d'un principe qu'on ne veut le triomphe de ses intérêts. Pour cela, chaque individu lutte de son côté.

Il me semble, — je raisonne, bien entendu, d'après mes faibles lumières et le peu de bon sens que la nature a bien voulu me donner, — il me semble que dans une société bien organisée, composée surtout de gens civilisés, équitables, ce n'est pas à l'intérêt des uns ou des autres qu'on devrait songer de préférence, mais à ceux de tous. Si les hommes sont frères, les intérêts le sont aussi et se ressemblent. Ceux de Pierre ou de Claude sont respectables au même titre. Le droit est le droit. Il ne peut protéger les uns et abandonner les autres. Ses bienfaits doivent être pour tous et sauvegarder les intérêts de tous. S'il en est autrement, c'est

parce que l'intérêt propre que l'homme se porte à lui-même
le rend aveugle pour voir et respecter celui des autres. Sous ce
rapport, la plupart ne sont pas des ânes. L'homme est tellement
égoïste que bien souvent il ne veut céder en rien de certains
avantages qui lui plaisent, mais qu'il blâme sévèrement chez
d'autres quand il n'en profite pas. Il crie volontiers contre les
injustices des autres, mais aucun ne songe à gourmander les
siennes.Pour cela seulement les hommes sont oublieux d'eux-
mêmes. Mais là encore la générosité, de leur part, n'a rien à
voir ; c'est un oubli naturel de ses fautes pour marquer celles des
autres. Thalès de Milet, un des sept sages de la Grèce, disait de
ne pas faire ce qu'on blâme chez les autres. On fait bien souvent
le contraire, et la plupart blâment dans les autres ce qu'ils font
eux-mêmes. On lit ou on écoute une bonne maxime. Mais cela
fait, la plupart ne changent ni de manière de faire ni de caractère. On revient à ses habitudes, la plupart songent à leurs intérêts auxquels, trop souvent, on sacrifie l'honneur d'être juste et
probe. Les hommes ne changent point ; ils sont ce qu'ils ont été,
ce qu'ils seront toujours. Les siècles se succèdent les uns aux
autres ; les générations font de même. L'injustice qui meurt, qui
expire dans la génération présente, naît à nouveau et prend vie
dans celle qui lui succède, et la remplace avec les mêmes imperfections que possédaient les précédentes. C'est parce que l'esprit ne change point, que nous voyons toujours se dérouler devant nous les mêmes comédies, les mêmes drames. Les specta-
teurs, comme les acteurs, ne sont pas les mêmes, mais les pièces
se ressemblent. C'est tout. D'après cela il résulte que la vie de
l'homme est une souffrance. Je me demande quelquefois pourquoi l'on vient. C'est un mystère qui ne répond pas aux questions. On vient sans le demander. On vient pour souffrir, et l'on
meurt après avoir souffert, ce qui est le plus vrai. Cela fait, quand
chacun a bien souffert, les uns d'une façon, d'autres d'une autre,
on disparaît. Une fosse de six pieds de profondeur les attend
tous ; six pieds de terre les couvrent ; l'oubli se fait peu à peu, et
c'est fini. En présence d'un résultat, ou plutôt d'une fin aussi
triste, pourrais-tu me dire pourquoi les hommes sont aussi bêtes
et surtout aussi méchants les uns envers les autres ? Tu n'en sais

rien, je le vois bien, et ni moi non plus. C'est encore un mystère que nul ne peut bien expliquer.

— Il y a tant de choses à dire! murmura Nicolas.

— Ce n'est pas la quantité des choses qu'il faut voir; c'est les vérités qu'elles renferment. Je parle d'après mes petites observations, qui me démontrent ceci : Ce qui vient encore aider et augmenter la division chez les hommes, c'est que chacun veut de son côté un gouvernement, non pas conforme à ce qui est juste, raisonnable, mais selon ses goûts, ses idées, ses caprices, et surtout favorable à ses intérêts particuliers, sans souci de ceux des autres, ou du moins beaucoup de gens parlent de ceux des autres pour faire triompher les leurs.

Quelques-uns cependant veulent telle forme de gouvernement parce qu'ils espèrent que le droit de tous sera sauvegardé plus équitablement qu'avec tel autre, — il y a toujours, dans l'humanité, quelques hommes supérieurs à d'autres, mais, je le répète, la plupart veulent telle forme de gouvernement pour eux, et mettre à profit, si rien ne les arrête, leurs propres injustices, les mêmes qu'ils reprochent aux autres partis, par la seule raison qu'ils n'en bénéficient pas. Si tu veux bien le remarquer, tu verras que tel parti se reflète dans un autre; ce ne sont pas les mêmes dénominations, les mêmes termes, mais les actes, les actions sont de même nature, en ce sens qu'elles manquent de raison, de justice et de respect envers les autres. La raison que tous croient posséder, mais qu'ils n'ont pas, les rend aveugles. Nul ne veut de privilèges. Mais ces privilèges que l'on repousse avec tant de force, on ne les craint plus autant s'ils sont à notre avantage, du moins à l'avantage du plaignant. Ne les blâmer que dans cette circonstance, c'est les approuver. Les partis ne réfléchissent pas toujours à cela. Aussi tombent-ils tous dans les mêmes excès, les mêmes licences, parce que tous émanent de l'humanité, qui est l'imperfection faite homme.

.˙.

Tout âne que je suis, je réfléchis quelquefois. Simple observateur des choses ici-bas, je me demande parfois comment les hommes arriveront à s'entendre. Ma conviction, basée sur des faits, me démontre que jamais ils ne s'entendront... Fais attention que je dis *jamais*. Ce n'est pas une plaisanterie. Tu vivrais mille ans, trente mille ans, tu vivrais toujours, que toujours ce sera la même chose. C'est un parti pris chez l'homme, ou c'est sa destinée, de toujours faire la même chose. La passion le conduit, et non pas la raison. Ses actes de démence ne doivent pas nous étonner. Du moins pour ce qui me regarde, tout ce que l'homme peut commettre ne m'étonne point. A cet égard-là, je te rappellerai ici une phrase de J.-J.-Rousseau sur ma manière de voir, et je te dirai comme lui : après avoir dit ce que je pense, je ne trouve point mauvais qu'on ne soit point de mon avis. Il faut examiner pour contredire et prouver l'erreur. Je ne prétends pas mieux voir que les autres, il serait drôle qu'un âne vît mieux et plus juste qu'un homme ! — mais d'après l'imperfection humaine, je ne puis croire à l'harmonie des hommes.

Je vois l'injustice chez tous et dans tous les partis, parce que les hommes composent les partis, source d'imperfection, comme dans tous les partis on trouve des hommes justes et honnêtes. Ils sont tous, chacun de leur côté, fiers d'eux-mêmes. Mais parce qu'on se dit de tel parti plutôt que de tel autre, ce n'est pas un titre de vertu, et cela ne veut pas dire que l'on est supérieur à tous, qu'on a droit à leur admiration? Ils peuvent tous se croire supérieurs; mais cette prétention, si grande qu'elle soit, n'est pas toujours justifiée par un mérite réel. Ils se dénigrent tous et tous se reprochent leurs mutuelles intolérances, soit monarchistes, soit républicains.

Sous le rapport de la raison, de l'équité, les partis ont tous beaucoup à faire pour se modifier. C'est la seule chose à laquelle ils songent le moins. Ils se croient tous parfaits. C'est sans doute d'une source aussi pure que naît leur prétention et la raison de ne point changer.

La royauté qui se défend et ses partisans qui la défendent ont tous beaucoup à faire pour effacer des fautes qu'ils ont commises, et que l'histoire, de temps en temps, rappelle à notre souvenir.

.˙.

Châteaubriand, le puriste écrivain, a dit : « L'État monarchique et chrétien peut seul regarder la liberté en face. »

C'est un éloge. Mais est-il bien exact? Ce n'est point mon avis. Il faudrait, pour admettre sans restriction une pareille appréciation, que la monarchie n'ait pas d'histoire. Celle qui existe pour elle ne la présente pas toujours sous un jour bien favorable. Ce qu'elle regarde en face, c'est son intérêt. Quant à la liberté, elle la veut pour elle encore, la réprimant chez les autres, si cela devient nécessaire. Tous ceux qui gouvernent veulent qu'on pense comme eux : les républicains sont de même. Quand la monarchie fait quelque chose de bien, il faut le reconnaître et la blâmer dans ce qu'elle fait d'injuste.

Mais si les républicains qui n'en veulent pas devaient l'imiter dans les injustices qu'elle a pu commettre, ainsi que les monarchistes qui l'ont défendue, eux, républicains, n'en seraient pas plus aimables pour cela, et leurs excès, leurs injustices, ne seraient pas plus acceptables que celles des autres. Ils seraient, avec juste raison, blâmables au même titre.

Le titre de républicain, qui ne dit rien, ne saurait excuser une mauvaise action.

Pour ma part, je ne tiens pas plus à un gouvernement qu'à un autre. Que m'importe le nom ! Je suis avec celui ou ceux qui mettent l'équité, l'humanité dans leur administration. Je suis avec tous les hommes bons, justes, sensés, sans distinction d'opinion, de croyance, qui mettent la question d'humanité au-dessus de celle de parti, qui n'est rien, pour celle de l'humanité, qui est tout, et devant laquelle tous doivent s'incliner.

C'est parce que cette dernière est oubliée, sacrifiée à l'esprit de parti, que son abandon donne lieu à des querelles de tous genres.

Quand il s'agit d'être heureux, de vivre tranquillement les uns et les autres, qu'est-ce que l'opinion peut faire?

Ce qui est juste va avec les hommes justes.

Voulant, pour ma part, marcher avec la raison, je ne pourrais, si j'étais homme, aller avec les partis blancs et rouges, que la passion aveugle et les entraîne tous à des actions injustes, coupables. Ne pas être raisonnable, c'est le tort de tous les partis. C'est également celui des républicains.

. .

Dussé-je les scandaliser ici, ce qui m'inquiète fort peu, je ne les trouve ni plus justes ni plus raisonnables. Ils ont parfois si peu de savoir-vivre, d'honnêteté, qu'ils compromettent à l'avance le gouvernement qu'ils veulent établir. Il suffit de les voir quelquefois pour ne plus vouloir de leur administration.

— Ce sont des hommes, lui dit Nicolas. Ils appartiennent à l'humanité; ils en ont naturellement l'imperfection. Pourquoi auraient-ils plus de sagesse que les autres partis, qui, pour leur intérêt, oublient si souvent d'être sages?

— Je le reconnais, reprit Bertrand. Mais quand on veut réformer les autres, c'est du bon côté qu'il faut leur ressembler et non du mauvais. Il faut avoir les qualités qu'ils n'ont pas, ou qu'on leur suppose ne pas avoir; quand on veut réformer les autres, il ne faut pas avoir les mêmes défauts et tomber dans les mêmes injustices. Je voudrais chez les républicains, puisqu'ils se croient supérieurs à tous, que la probité, chez eux, fût pratiquée d'une façon rigoureuse, pour servir d'exemple à ceux qui ne la pratiquent pas, ou forcément, ce qui n'est pas un mérite bien réel. S'il y a quelque chose d'éminemment juste, c'est de ne rien devoir, puisque les hommes. tous autant qu'ils sont, aiment recevoir ce qui leur est dû. C'est en s'observant soi-même, un peu dans toutes choses, qu'on sait ce que l'on doit faire pour les autres. Si d'être payé cela vous plaît, cela ne peut déplaire à qui l'on doit. Les républicains paient-ils mieux que les autres ? Non. Ceux qui les servent, à quelque profession qu'ils appartiennent n'ont pas toujours à s'en louer sous ce rapport. A entendre can·ser certains d'entre eux, on dirait qu'on leur doit tout ; eux seuls semblent ne rien devoir, parce qu'ils sont républicains, et se donnent comme tels. Ils affichent parfois des prétentions que leur mérite ne justifie pas toujours. On dirait qu'on doit les servir gratis et se trouver très-honoré d'une telle préférence. Les largesses qu'ils réclament pour eux, ils ne les accordent pas toujours aux autres. On en trouve, — tu vas me dire que c'est un détail, mais dans les *détails* on trouve le vrai mérite de l'homme. — on en trouve qui ne savent pas même rendre l'argent prêté, trouvant cela tout naturel.

— Cela se voit un peu partout, interrompit Nicolas. Sois juste toi-même. Dans tous les coins de la société et dans tous les partis, on trouve de ces natures indélicates, qui vivent au préjudice des autres. C'est l'ivraie sociale. Que de gens, qui ne sont pas républicains, sont d'effrontés voleurs !

— Je le sais. Mais, encore une fois, les républicains qui se prétendent supérieurs en mérite, en équité, ne devraient pas se laisser entraîner aux mêmes bassesses. On n'est supérieur aux autres qu'autant que l'on fait mieux ; qu'on fait, en un mot, tout le bien qu'ils ne font pas. C'est de ce côté que les républicains doivent chercher à être les plus forts. Je cherche leur supériorité, mais je ne la trouve pas toujours. Cependant ils crient : *Vive la République !* Ils veulent cette forme de gouvernement comme si elle pouvait aplanir et résoudre toutes les difficultés. Qu'est-ce que le nom de République, en lui-même ? que renferme-t-il plus qu'un autre ? Ce nom ne change point les hommes et ne les rend pas plus équitables, si rien ne les oblige. Elle met seulement en évidence une foule de frélons, d'ambitieux, qui tous, dans leur intérêt personnel, veulent gouverner les autres. Ce qu'il y a de mauvais sous la République, c'est que la plupart veulent commander et très-peu obéir. Pour gouverner, il faut bien le reconnaître, et pour gouverner sagement autant qu'il est possible, il faut avoir, selon le poste que l'on occupe, une certaine instruction pour le bien remplir avec honneur et sans préjudice pour ceux qu'on représente. Il faut même avoir, selon moi, une connaissance assez étendue de l'esprit de tous les philosophes, pour modifier non-seulement les idées qu'on peut avoir soi-même, mais celles des autres dans ce qu'elles peuvent avoir d'exagéré et d'inapplicable. Il faut aussi étudier l'esprit et le caractère du peuple, et faire des lois capables de maintenir la paix entre tous, ce qui est le point important d'un gouvernement, mais qui n'est point chose facile, je le reconnais.

— Il faut bien qu'un État soit représenté et gouverné par quelqu'un ? dit Nicolas.

— Cela va de soi. Je te l'ai dit. Je n'ai pas de préférence pour les gouvernements, mais seulement pour ce qui est bien et juste. Ce n'est pas pour le bonheur des peuples que les rois recherchent le pouvoir, mais pour eux. S'ils étaient responsables des fautes qu'ils peuvent commettre et qu'ils commettent, les trônes seraient tous abandonnés et n'existeraient pas. Mais si les rois, que l'on veut remplacer, ont mal fait, mal gouverné ; si, dans beaucoup de faits, résultat de leur administration, ils ont manqué de sagesse, de justice, ce qui s'est vu souvent, ce qui se verra encore, puisque la royauté émane de l'humanité, il ne faut pas, autant qu'il est possible, faire de même, et ce n'est pas de ce côté, en étant injuste, que les républicains doivent leur ressembler, puisqu'ils se donnent comme supérieurs et prétendent mieux faire.

Si les républicains, comme ils le disent, veulent achever, compléter l'œuvre de progrès commencée en 1789, — depuis l'on n'a rien fait et l'on ne fait rien qui soit à la hauteur de cette époque, on tourne autour des principes de 1789, quand on ne les exploite pas ; — s'ils veulent, comme je te le dis, régénérer l'état social, œuvre entreprise depuis que le monde existe, il ne faut pas qu'ils fassent, je te le répète, comme tout le monde, mais infiniment mieux que tous ceux qu'ils blâment, et qu'ils ne blâment, quelquefois, que parce qu'ils ne sont pas à leur place.

Il faut qu'en toutes choses ils soient les rigoureux observateurs du droit, de l'équité, non pas dans les discours, ce qui peut être facile pour tous, mais dans les actions, ce qui est, pour tous les partis et pour tous les hommes, bien plus sérieux.

.·.

La République n'a sa raison d'être qu'autant qu'elle fait mieux, qu'elle est la raison et non le préjugé ; qu'elle est le droit et non le privilège ; qu'elle est la protectrice du droit de tous les citoyens, quelles que soient leurs croyances. Ce n'est pas un nom qu'on recherche, qu'on doit rechercher, c'est un principe protecteur qui se manifeste équitablement pour tous, vers lequel tous les opprimés doivent trouver un refuge, un appui, aide et protection pour leurs droits violés, comme à tous, également, il impose des devoirs envers la patrie. C'est à ce titre qu'un gouvernement est supérieur à un autre.

Les principes républicains sont basés sur la justice, dit-on. Il faut reconnaître ici, et sans parti pris, que beaucoup de républicains les représentent imparfaitement, comme le clergé, de son côté, représente imparfaitement le christianisme, principe de vérité et de justice. Les uns et les autres mettent leurs intérêts à la place du principe qui est tout, mais qui devient nul puisqu'on ne l'observe pas.

C'est parce que le clergé n'est point fidèle au principe du christianisme, par intérêt sans doute, que son pouvoir est dan-

2

gereux et préjudiciable à la raison humaine. Cela ne veut pas dire que les hommes qui composent le clergé n'aient pas droit au respect des autres. On doit les respecter comme hommes, et nul n'a *le droit d'attenter à leur vie ainsi qu'à leur liberté.* Pour agir autrement, il ne faut pas se respecter soi-même. A chacun ses croyances. S'ils répandent des préjugés nuisibles à la raison, on ne peut les combattre que par le raisonnement, tant qu'ils ne sont pas un danger pour l'ordre social. Mais s'ils se manifestent au point de menacer la vie des citoyens, à la loi d'intervenir pour la sécurité de tous. Que l'égarement vienne d'un côté ou de l'autre, le devoir du législateur et du gouvernement est de le réprimer.

Parce que les hommes font ce qu'ils veulent et ce qui peut leur plaire, ils s'imaginent être justes. Tous les partis en sont là, et tous font de même, avec la haute prétention de tout mieux faire les uns que les autres.

— Tu me disais tout à l'heure, reprit Nicolas, que le nom de la République ne changeait point les hommes. Il y a les principes qui, sans les rendre parfaits, peuvent modifier leur manière de faire. Car tu ne voudrais pas que la perfection existât plus chez eux que chez les autres ?

— Non. Je ne veux la perfection chez personne, et nul ne la demande, puisqu'à nous tous, bêtes et gens, la nature nous l'a refusée. Mais quand on prétend mieux faire, c'est par des actes qu'il faut le montrer. Le tort des autres ne peut être qu'un exemple pour mieux faire qu'ils ne font, mais non une excuse pour les fautes que l'on peut commettre. Tu parles des principes. Comme toi je sais qu'ils sont bons. Mais pour que les hommes fussent modifiés, régénérés par ces principes, il faudrait que ceux qui en parlent s'attachassent à les suivre et voulussent bien, en toutes choses, les observer le plus avantageusement possible. Ces bons principes n'ont de mérite qu'autant qu'on les utilise au profit de tous et pour le bonheur de tous.

Pour que la République fût sérieuse, il faudrait que les républicains, autant qu'il est possible, s'observassent assez pour être justes et basassent leurs actions sur cette autre maxime : *Ne faites pas aux autres ce que vous ne voudriez pas qu'ils vous fissent.*

.˙.

C'est à l'injustice des hommes qu'il faut attribuer les paroles suivantes de J.-J. Rousseau, qui dit dans son *Contrat social* : S'il y avait un peuple de dieux, il se gouvernerait démocratiquement. *Un gouvernement si parfait ne convient pas à des hommes.*

Cela fait rêver, n'est-ce pas, mais pas du bon côté. Si un tel gouvernement ne convient qu'à des *dieux*, il ne faut pas compter sur les hommes, qui ne le seront jamais, et pas davantage sur les républicains pour l'établir, s'ils ne veulent pas être plus raisonnables que les autres. Aider à la bonne harmonie qui doit exister entre le gouvernement est le devoir de tous, et tous par leurs bonnes actions et le respect de la justice doivent y contribuer. Mais il ne faut pas renverser un gouvernement par ce qu'on n'est pas à sa place, mais seulement s'il fait mal et si ses actes sont contraires à l'équité. Il ne faut pas combattre les privilèges parce qu'on ne les a pas, mais parce qu'ils sont préjudiciables à un État. La République ne doit rien avoir des vices de la monarchie.

Quand les républicains parlent de liberté, d'égalité et de fraternité, il faut observer tout cela fidèlement. Vois-tu plus de fraternité ? Les hommes ne sont-ils pas toujours animés des sentiments de haine, malgré la fraternité qu'ils font graver sur les monuments publics ? On se sert des mots, des maximes, mais les uns et les autres oublient facilement de les observer. S'il en était autrement, tous vaudraient mieux.

.˙.

Les bienfaits d'un gouvernement, quel que soit le nom qu'il porte, viennent de l'intelligence et de l'équité de ceux qui le représentent.

Je ne sais si je ne me trompe, — ce qui est possible, — mais je crois que l'on peut être heureux sous tous les gouvernements si nous voulons bien nous attacher aux résultats qu'ils donnent, de préférence au nom qu'ils portent. On peut être heureux sous tous les gouvernements, quand un vrai sentiment de justice anime l'esprit de ceux qui le représentent, qu'ils se préoccupent réellement du bonheur de ceux qu'ils veulent administrer.

Ce qu'il y a de mauvais sous la République, c'est que tout le monde, comme je crois te l'avoir dit, veut gouverner : c'est la foule, pour ainsi dire, qui se présente. On veut des places sans se préoccuper et faire un examen sur soi-même et se rendre compte si on est capable de les remplir. Il y a des gens instruits qui n'en sont point dignes. Mais enfin, pour administrer un État, un peuple, il faut, non-seulement de l'honnêteté, mais des connaissances assez étendues pour mener à bien l'œuvre entreprise et la faire réussir.

Ce n'est pas la quantité de représentants qu'il faut pour cela, mais la qualité, de préférence. Ce n'est pas pour faire du bruit que l'on nomme des représentants, mais pour faire des choses sensées. La qualité est donc préférable à la quantité. Ainsi, une assemblée de cinquante citoyens, hommes justes, instruits, est préférable à une autre composée de cinq cents individus, mais chez lesquels le peu d'instruction et de connaissances qu'ils possèdent peut paralyser et faire échouer leurs bonnes intentions de bien faire. C'est parce que tout le monde veut être quelque chose sous la République, qu'elle perd de son mérite et ne donne quelquefois plus les bienfaits qu'elle faisait espérer. Il peut en être toujours ainsi si elle est administrée par les moins sincères, de préférence aux hommes justes que le peuple, si grand qu'il soit, ne sait pas toujours choisir, ou qu'il repousse quelquefois lui-même, tout grand peuple qu'il est, parce qu'il a par moments, comme les rois, la faiblesse et le mauvais esprit de préférer ceux qui le flattent aux dévoués qui ne défendent que le droit.

.·.

On parle également de la liberté. Mais la liberté, comme la fraternité, n'est pas mieux comprise. Bien des gens veulent la République et la liberté pour eux-mêmes. Ce mot, liberté, qu'on prodigue dans les discours, n'est pas bien compris, selon moi. La liberté pour beaucoup de gens, c'est le droit de tout faire ce qui leur plaît, ce qui peut leur passer par la tête, le bien et le mal, mais le mal plus souvent que le bien : quand on veut toujours faire à sa tête, il est impossible de toujours bien faire.

Ils ne veulent être assujétis à rien et ne s'assujétir à aucune réserve qui les contrarie, mais qu'on doit s'imposer pour le respect des autres. Leurs caprices, leurs fantaisies doivent l'emporter sur tout. La liberté doit être pour eux sans limite, c'est-à-dire qu'elle est subordonnée à leurs caprices plus ou moins détestables, mais qu'ils trouvent bons, puisqu'ils leur plaisent.

La liberté pour tous, ce n'est pas le caprice, c'est le devoir ou si l'on veut, le *droit strict* de ne faire que ce qui est bien, mais rien de ce qui est préjudiciable, ou peut l'être, à autrui. On doit être probe, parce qu'on n'a pas le droit d'être improbe, attendu que l'improbité est un préjudice dont nul ne veut être victime, aussi bien les monarchistes que les républicains. C'est clair, n'est-ce pas? On est libre d'écrire, mais quand on le fait, ce ne doit pas être pour mentir, pour calomnier ses semblables et les accuser de ce qu'ils ne font point, quelle que soit leur opinion, mais pour leur inspirer et leur donner, si c'est possible, des sentiments d'équité, afin de les réconcilier les uns aux autres. On a le droit de pousser au bien, mais non au mal ; on est libre également de se promener, de respirer l'air, mais on n'a pas le droit d'attaquer les passants qui se livrent au même délassement et de les maltraiter ou les voler.

En un mot, comme en mille, la liberté *vraie* finit où l'injustice et la licence commencent. La licence est à la liberté ce que la rouille est au fer : pour conserver la première il ne faut pas de la seconde ; donc il ne faut pas de licence et la réprimer toutes les fois qu'elle se manifeste pour conserver la liberté. Ce qui maintient et fait naître la bonne harmonie qui doit exister dans les société, c'est le respect que les citoyens ont toujours les uns pour les autres. Et le respect, que les uns et les autres se doivent, c'est de ne porter aucun préjudice, puisque chacun les repousse.

C'est l'ignorance ou plutôt l'égoïsme qu'on apporte dans l'appréciation des principes, et de la liberté en particulier, qui a perdu les républiques de l'antiquité. C'est peut-être encore l'abus que l'on pourra faire de la liberté ou de la licence qui perdra les républiques futures, comme il peut perdre tous les pouvoirs, quels qu'ils soient.

C'est sans doute parce que les hommes ne comprennent ni la liberté ni les devoirs qu'ils se doivent tous, qu'ils sont incapables de vivre démocratiquement.

C'est à l'avenir de répondre, sous ce rapport.

* *

Les hommes, comme tu le sais, observent les bêtes, quand ils ne les tuent pas ; moi, en ma qualité d'âne, — ce n'est pas, crois-le bien, un éloge que je m'adresse, — moi, dis-je, j'observe les hommes, pour mon instruction personnelle. Il y a autant à dire sur eux qu'ils peuvent dire sur nous. Combien de fois ils auraient besoin eux-mêmes du même fouet dont ils nous frappent, pour les rappeler à la raison qu'ils prétendent toujours avoir et qui leur manque si souvent !

Sans que cela paraisse, et toujours pour mon instruction, j'ai quelquefois assisté à des réunions publiques et démocratiques. Je dois te l'avouer en toute sincérité, je n'ai jamais été bien enthousiasmé de ces sortes de réunions, ni de ceux qui les composaient, et pas davantage de ce que j'y ai entendu dire. Ce dont j'ai été témoin n'a jamais bien répondu à l'idée de grandeur que je m'en étais faite à l'avance. Sans savoir pourquoi, selon l'idée qu'on se fait des hommes et des choses, on est porté à grandir, tour à tour, les uns et les autres.

J'ai toujours vu, dans ces sortes de réunions, comme partout ailleurs, la question personnelle dominer l'intérêt général.

Les républicains, malgré leurs déclarations libérales et fraternelles, n'attirent pas toujours. Ils n'ont même pas toujours, non plus, la politesse nécessaire pour cela. Leurs manières de faire, comme leur langage, sont empreints d'une extrême rudesse qui, parfois, vous repousse. C'est le sentiment pénible que la plupart m'ont fait éprouver souvent. On trouve cela chez d'autres également, mais je ne voudrais pas qu'on le trouvât chez les républicains et qu'ils fissent mieux, puisqu'ils *se disent supérieurs aux autres.* Si je les vois ainsi, est-ce mauvaise appréciation de ma part ou mauvais caractère ? Peut-être les deux ensemble : mauvais caractère et mauvaise appréciation. Quoi qu'il en soit, je ne les admire pas toujours et pas plus que d'autres, parce que leurs paroles, trop souvent, ne s'accordent point avec leurs actions, qui ne renferment que très-rarement l'équité qu'ils prodiguent dans leurs discours. Ils ne veulent pas non plus de despotisme ; mais ils ne sont pas fâchés d'imposer le leur qu'on doit trouver aimable, parce qu'ils sont républicains. Ils sont même despotes pour des choses inutiles (1) Ainsi, on

(1) Le Conseil général du Rhône, dans sa séance du 6 avril 1883, a voté, avec légèreté, la somme de 15,000 fr. pour l'enlèvement des emblèmes impériaux qui se trouvent sur le pont Tilsitt, à Lyon. Si la majorité du Conseil avait eu quelque intelligence et des sentiments plus élevés, elle n'eût point sacrifié, à une haine mesquine, les intérêts des contribuables, qu'on ne doit sacrifier qu'à des choses utiles. Les monarchistes ont parfois cette misérable habitude de détruire les emblèmes qui ne sont point de leur parti ; mais les républicains se doivent à eux-mêmes de ne point les imiter dans ces actes de vandalisme. Avec des procédés de ce genre, on n'étouffe pas les haines, on les fait revivre. Comment espérer la fraternité et l'harmonie parmi les hommes ?

en voit qui font effacer des emblèmes monarchiques qui se trouvent sur des monuments publics, parce qu'ils rappellent le pouvoir disparu. Cela ne gêne personne. Pourquoi l'enlever ? Mauvais exemple. Un monument public est une propriété nationale
qui appartient à tout le monde, bien qu'il ne soit pas du goût de
tous. S'il y a quelques emblèmes qui ne vous plaisent point, ils
peuvent plaire à d'autres. Il faut donc respecter ce que les autres
aiment, pour qu'ils respectent, à leur tour, ce que vous aimez.
On a le droit de détruire ce qui est un danger pour la vie des
citoyens ou nuisible à la morale. A part cette raison, qui est sérieuse et juste, il en est une autre. Un monument est une page
vivante de l'histoire. Le détruire ou l'altérer, sans nécessité,
c'est enlever à l'histoire elle-même une de ses pages. Les emblèmes qu'il porte sont une date, qui indique aux générations
futures le temps et l'époque où il fut édifié. On dispose de ce qui
est à soi, et non pas de ce qui est à tous. C'est là le titre d'un
monument national. Et s'il rappelle des temps malheureux,
créés par le pouvoir de l'époque, c'est d'en prendre exemple, et
de mieux faire pour ne les point voir renaître pour le bonheur
de tous. Les fautes des autres doivent être pour tous une leçon.
Les bien avisés en profitent.

Si chaque pouvoir qui succède à un autre prend la fantaisie
de détruire, sans utilité, ce que son prédécesseur a pu faire
comme monument, ce n'est plus qu'une destruction perpétuelle,
faite par l'imbécillité de l'un ou de l'autre. Jeux d'enfants que
tout cela. Ce ne sont pas des hommes raisonnables qui agissent,
mais plutôt des hommes de parti, qui convoitent une position,
ou qui sacrifient à l'esprit de parti la saine et droite raison, par
laquelle ils devraient toujours se laisser inspirer et se laisser conduire. ·

— Mais les autres partis, que tu sembles oublier, sont bien de
même, et font aussi exactement de même, dit Nicolas.

— Je ne les oublie point. Je blâme ce qui me semble déraisonnable. Je les enveloppe tous dans le même blâme également,
parce que tous méritent de l'être quand ils font mal, ou des
choses nuisibles à eux-mêmes. Mais les républicains, qui veulent
sagement réformer les choses, ne dèvraient pas et ne doivent pas

ressembler aux hommes qu'ils combattent. A quoi bon ! Pourquoi se mettre à leur place, s'ils veulent faire les mêmes sottises ?

.·.

Dans ces réunions démocratiques *et toutes fraternelles*, continua l'âne Bertrand, pour être entendu, il faut parler comme les honorables citoyens qui les organisent ; autrement on ne vous écoute pas toujours avec docilité... quand on veut bien vous écouter quelquefois. Je crois être juste, car le reproche que je fais ici n'est pas seulement pour les républicains, mais pour tous les partis. Je dis cela sans méchanceté. Je parle d'après ce que je vois. Il faut reconnaître que les hommes ne savent pas écouter leurs adversaires. Cette indulgence, cette bienveillance même que l'on mérite tous, ou qu'ils méritent tous, si toutefois on ne demande pas des choses insensées, manque un peu à tous. Ils ont cependant un proverbe, — ils en ont beaucoup à leur service, mais ils n'en suivent aucun pour être sage, — ils en ont un à leur usage, qui est celui-ci : *Du choc ou de la discussion jaillit la lumière !* On dit cela avec emphase, mais on n'écoute pas mieux son voisin. Celui qui veut être entendu, écouté, invoque l'adage, comme un droit à la clémence des autres ; celui qui ne veut pas d'observation, peut-être pour avoir raison, le repousse. On voit cela se produire. C'est mal raisonner. Comment cette divine lumière peut-elle jaillir, s'ils ne s'écoutent pas les uns les autres ?

Tous les partis se conduisent à peu près de même, si tu veux bien le remarquer. C'est tous des hommes, chez lesquels les actions donnent parfois prise aux mêmes reproches. C'est bien là ce qui nous donne une haute idée de l'estime qu'ils ont les uns pour les autres, de leur bonne foi et de l'harmonie qu'on peut en attendre.

Le point important, qui les rend tous quelquefois insupportables les uns envers les autres, c'est qu'ils ne voient pas leurs propres défauts et ne sentent point le préjudice des injustices qu'ils peuvent commettre. Un peu de clairvoyance, de sagacité sous ce rapport, leur serait bien utile, et mettrait fin à bien des disputes.

.·.

J'entends aussi parler de la *libre-pensée*. Les républicains se disent libres-penseurs. Ils crient cela sur les toits. Libre-penseur, comprends-tu bien ce titre?

— Mais oui. Libre-penseur veut dire *tolérance* et non pas *intolérance*. Cela veut dire, pour tout le monde et pour tous les partis, qu'on doit respecter les croyances des autres comme les autres également doivent respecter celles que l'on peut avoir. Cela veut dire en peu de mots : indulgence réciproque et mutuelle. Celui qui ne veut croire à rien est libre : c'est son droit. Mais la liberté pour le croyant doit être la même que pour l'incrédule. Tous les penseurs, quel que soit le nom qu'ils se donnent, n'ont qu'un droit : celui de discuter, de persuader, s'ils le peuvent par leurs discours, qu'ils sont dans le vrai et les autres dans l'erreur. Aucun d'eux n'a le droit de faire de l'arbitraire et de persécuter les autres. Leur rôle, à tous, se renferme dans le discours et finit de même. Après cela, si l'on n'a pas le bonheur d'être écouté, c'est de se retirer.

— Je suis parfaitement de ton avis, approuva Bertrand. Mais lesquels se retirent? lesquels sont plus indulgents que d'autres? Quel est le parti qui donne l'exemple de l'indulgence qu'il réclame pour lui? A vrai dire, je n'en vois pas. Ils sont tous un peu de même, à part les exceptions. Mais ici nous parlons de la généralité. Tous pensent avoir raison, ce qui en est une autre, quelquefois pour ne se rien céder. Les plus têtus sont bien souvent ceux qui ont tort, comme ces esprits prétentieux et vicieux, ou mal équilibrés, qui ne veulent plus d'archives, et qui, pour imposer leur fantaisie en ce genre, feraient appel à la tyrannie, s'ils en avaient la force et la puissance. En somme, la plupart, et cela dans tous les partis, mettent toujours un peu l'arbitraire à la place de la raison. Cela fait, ils s'admirent tous, avec la pensée intime d'être tous supérieurs les uns aux autres, après avoir fait, chacun de leur côté, ce qu'ils ont condamné chez leurs adversaires. Tandis qu'un peu de réflexion et de concesssions, d'une part et de l'autre, les amènerait tous à vivre en paix. Ils ne le comprennent point. Cela les regarde.

Dis-moi encore, que penses-tu de ces libres-penseurs qui, étant invités à un enterrement religieux, n'entrent point dans l'église, parce que cela n'est point dans leur manière de voir, et restent fièrement, sottement à la porte, comme si un instant de respect accordé à cette cérémonie pouvait, en quoi que ce soit, compromettre et altérer leurs croyances? Que diraient-ils, si à leur égard on faisait de même? Ils s'en plaindraient, et ils auraient raison. Ils le font cependant, ne réfléchissant pas que cette attitude inconvenante est irrespectueuse, aussi bien pour la mémoire du défunt que pour la famille, par laquelle ils sont invités. En pareille circonstance il vaut mieux rester chez soi. C'est plus sage et même, en quelque sorte, plus honnête.

D'un autre côté, on voit des catholiques qui ne sont pas plus sages et qui disent qu'ils n'assisteraient point à l'enterrement d'un libre-penseur. Dans une telle conduite, il y a, à mon avis, plus de préjugés que de raison. Dans un pareil moment on ne songe guère aux croyances de celui qui n'est plus. Et si l'on y songe, peut-on bien s'y arrêter au point de lui refuser notre humble présence si nous y sommes invités?

Il faut plus de grandeur d'esprit et de cœur. Invité à une telle cérémonie, c'est moins aux croyances que l'on rend hommage qu'à la personne elle-même. Et le devoir rendu, accompli, chacun garde sa manière de voir.

Autres petits détails.

Les prêtres catholiques, de leur côté, je ne dis pas tous, mais quelques-uns d'entre eux, croient devoir ne pas se découvrir devant le cercueil d'un enterrement civil ou d'un autre culte que le leur. Je te parle de ce fait, parce que je l'ai vu se produire pour les funérailles d'un protestant. J'en ai vu plusieurs ne pas se découvrir. Pour excuser cette irrévérence de leur part, on dit que le protestantisme n'est pas une religion révélée; mais Dieu n'en a révélé aucune; à ce titre elles ont toute leur raison d'être. On doit respecter les morts, dit-on. Si l'on doit les respecter, tous doivent l'être, quelles qu'aient été leurs croyances. Comme tous doivent les respecter, c'est encore aux prêtres, ministres de Dieu, à donner les premiers ce bon exemple et les derniers à s'en écarter. Enseigner le respect à tous, envers tous, c'est selon moi un acheminement vers l'esprit de conciliation. Si le prêtre doit se pénétrer de quelque chose, c'est de concilier toujours, du moins autant qu'il est en son pouvoir de le faire. C'est là le côté sublime de sa mission ici-bas, mais qu'on délaisse quelquefois par esprit de parti. Ce qui ne les empêche pas, eux et les libres-penseurs, de se croire tous supérieurs les uns et les autres. Il s'ensuit donc que tous les fanatiques, blancs ou rouges, sont tous intolérants quand ils sont forts, parce que tous, sans s'en douter, manquent de raison et de bon sens. Si j'avais l'honneur de parler aux hommes, ces pygmées de l'univers, je leur dirais à tous : Gardez chacun vos croyances, si vous les croyez bonnes et qu'elles vous commandent le bien ; mais les croyants, quels qu'ils soient, doivent toujours se souvenir que la tolérance est un devoir pour tous.

Est-il besoin de m'expliquer davantage? Quand je parle de tolérance, il est bien entendu qu'elle n'existe pas pour l'assassinat et le vol. Tolérance pour les croyances religieuses; mais, hors de là, la tolérance finit où le préjudice d'un autre commence. C'est de même pour la liberté, qui n'est permise que pour le bien, et qui doit finir quand on l'utilise pour faire le mal.

Ce qu'il faut blâmer chez les partis, c'est le fanatisme qui les rend injustes, afin d'éveiller chez tous l'esprit de modération. Aucun ne semble vouloir donner cet exemple. Le clergé, les monarchies passées n'ont jamais bien su le faire, parce que le clergé et les rois, hommes avant tout, se sont plus souvent laissés conduire par leur intérêt personnel et le fanatisme que par la raison. Le préjugé peut les grandir tous, mais la saine raison, qui juge et pèse chaque chose, qui ne voit la grandeur des hommes, quels qu'ils soient, que dans le bien qu'ils font ou qu'ils ont rendu à l'humanité, ne leur accorde toujours que le vrai mérite qu'ils possèdent et efface bien des renommées qui ne sont bien souvent que le résultat de l'erreur, d'une fausse appréciation. La raison condamne tous les excès, de quelque côté qu'ils viennent. Si quelques citoyens, oublieux de leurs devoirs et du respect qu'ils se doivent à eux-mêmes, portent préjudice à d'autres, soit par paroles ou par actions, on les prévient d'abord de l'injustice qu'ils commettent, et si la raison, par eux, n'est pas écoutée, alors la force devient un droit légitime et nécessaire, pour leur imposer le respect qu'ils doivent aux autres.

Ce n'est pas quand on subit les mauvais effets de l'injustice qu'il faut seulement songer qu'elle est vicieuse ; c'est lorsqu'on est sur le point d'être injuste soi-même qu'il faut s'en apercevoir, être sage pour s'arrêter et rester raisonnable. Quelques-uns le comprennent ainsi ; mais la foule, qui ne réfléchit quelquefois pas assez et pas davantage ceux qui la veulent conduire, n'est pas toujours de cet avis.

Ainsi, j'ai entendu dire à des républicains, pour innocenter le parti auquel ils appartiennent, et pour justifier les sottises et les injustices qu'ils peuvent commettre, — ce qui n'est pas rare, — ces paroles naïves : Les autres, — leurs adversaires, — le font bien ou l'ont bien fait ! Pourquoi ne le ferions-nous pas ? pourquoi ne ferions-nous pas ceci ou cela ? Pourquoi ne ferions-nous pas comme eux ? Quelle grandeur de sentiment et de pensée !

J'ai fait cette remarque, chez les hommes, — nous ne sommes pas en cause, comme tu vois, — que c'est presque toujours pour faire mal que d'autres aliénés copient quelques-uns de leurs semblables. C'est par les fautes des autres que d'autres, mal inspirés, veulent justifier et excuser celles qu'ils peuvent commettre. Pour faire le mal, on dit souvent : Un autre le fait bien. Pour le bien, je n'ai jamais entendu tenir le même raisonnement. Ce qui me porterait à croire que le bien n'a pas d'imitateurs. On ne peut innocenter une mauvaise action que l'on a faite soi-même, parce que la pareille a été faite par un autre. En procédant ainsi, on grossit seulement le nombre des injustices et celui des malfaiteurs.

Si les autres font mal, on doit faire mieux. On ne doit pas imiter et copier l'homme fou, mais le sage, ou du moins celui qui se rapproche le plus de la sagesse.

— Tous les hommes pensent être sages, interrompit Nicolas.

— Oui, mauvaise raison pour ne point chercher à le devenir. Je sais comme toi que la prétention d'être sage ne leur manque point. Mais on n'est réellement dans ces bonnes conditions que lorsqu'on ne porte aucun préjudice à ses semblables. L'injustice d'un autre, petite ou grande, ne doit nous occuper et ne devrait occuper l'esprit de l'homme que pour la combattre afin d'empêcher qu'elle se produise chez d'autres, tout en protégeant ceux qui en ont été victimes. Les fautes sont personnelles et au préjudice de celui qui les fait, sous le rapport de sa dignité.

Pour attirer à soi, il ne faut pas faire mal comme les autres, mais mieux que les autres. Il faut être juste, s'ils ne le sont point. Puisqu'on les blâme d'être ainsi, c'est bien pour quelque chose, mais ce ne doit pas être pour leur ressembler. Être équitable toujours, ou du moins chercher à l'être le plus souvent possible, c'est conserver l'autorité, le droit de blâmer ceux qui ne le sont point et ne veulent jamais l'être. Si les républicains veulent la République, il faut, par le fait de ceux qui la représentent, qu'elle soit en toutes choses le reflet, l'essence même, pour ainsi dire, de la justice.

Parler justice quand on ne la professe point et de la tolérance quand on ne la veut que pour soi, c'est effronterie toute pure. Le mérite que les autres formes de gouvernement n'ont pas, elle, République, doit l'avoir. Si le gouvernement monarchique est vicieux, la République ne doit pas l'être. C'est là ce qui doit la faire vivre, la faire aimer de préférence à tout autre gouvernement.

Blâmer les monarchistes et les adversaires de la République pour faire, sous d'autres noms, ce qu'ils peuvent faire de mal, ce n'est pas changer de régime, mais de nom seulement. Que la tyrannie ou une mauvaise administration vienne des uns ou des autres, c'est toujours blâmable, c'est ne rien faire ou c'est continuer de mal faire.

.·.

Je ne suis pas fort en économie politique, mais, dans ma naïveté d'âne, je compare la situation d'un gouvernement à celle d'un particulier, c'est-à-dire qu'il doit subordonner ses dépenses à ce qu'il possède pour arriver à un résultat heureux, satisfaisant, non-seulement pour lui, mais pour le bien-être de tous, qui, toujours, doit être la préoccupation de ceux qui gouvernent, dont quelques-uns pour cela se disputent le pouvoir.

Le premier devoir d'un gouvernement républicain, c'est de chercher les moyens les plus heureux pour alléger les charges de tous. Les gouvernements monarchiques font des emprunts qu'ils ne remboursent jamais et dont ils paient indéfiniment les revenus. C'est un grand tort, à mon avis. Je voudrais que le gouvernement républicain fît mieux ; qu'il remboursât annuellement les sommes que les besoins de l'État l'obligent d'emprunter. Payer éternellement la rente d'un argent emprunté, c'est rendre plusieurs fois la somme due. Cette manière de faire étant onéreuse, ruineuse pour un particulier, doit l'être également pour un État. Celui qui veut faire ses affaires ne donne toujours que ce qu'il doit. Si l'on veut travailler à son préjudice, on est libre ; mais un gouvernement ne peut procéder ainsi, parce que, dans cette manière de faire, il sacrifie les intérêts des citoyens qu'il doit protéger. Amortissant annuellement sa dette, cela lui permettrait de diminuer les impôts, ce qui rendrait, pour tous, la vie moins pénible.

— Il y en a qui prétendent, dit Nicolas, qu'un État endetté est toujours fort, même plus fort qu'un autre qui ne doit rien. Le premier est fort en ce sens, disent-ils, que tout le monde, ou du moins le plus grand nombre, s'intéresse à lui. On le soutient par intérêt et l'on travaille à sa conservation.

— Je le conçois, reprit Bertrand, un créancier s'intéresse toujours à la prospérité de son débiteur, non par sympathie, mais dans la crainte de perdre ce qu'il lui a prêté.

Selon moi, ce qui défend le mieux un gouvernement, ce sont les avantages qu'il donne. Cela plaide en sa faveur. Si on le défend, c'est encore, si tu veux, par intérêt. Mais l'intérêt qu'on lui porte est raisonné et doublement plus fort, puisqu'il a en plus la sympathie qu'il a fait naître et qu'il sait mériter par le fait d'une sage administration, but honorable qu'un gouvernement doit toujours se proposer d'atteindre. Quand ses efforts sont tournés de ce côté, il est toujours défendu.

Je ne parle pas, bien entendu, des ambitieux, des brandons de discorde, de ceux qui veulent un gouvernement pour eux afin de faire spécialement leurs petites affaires et qui, n'en trouvant pas le moyen, utilisent le peu d'esprit qu'ils possèdent à le critiquer en toutes choses plutôt que de l'aider.

Je parle de la nation, du vrai peuple travailleur qui, désintéressé dans les places, veut la paix d'abord pour vivre dans ces bonnes conditions, et ensuite pour donner au commerce et aux arts une extension, un développement des plus heureux pour la richesse et la gloire de la patrie. Pour en arriver là, il faut la paix, la concorde entre tous.

Le calme est à un État ce qu'il est pour un champ : le tourmenter, le remuer sans cesse quand les grains sont semés, c'est tout détruire. Qu'on le laisse en repos, il se couvre de moissons. Les grains semés, c'est le peuple. Chacun, dans le calme recueilli, travaille, fait son œuvre dont le résultat sublime est de donner le bonheur à tous. Pour le bien-être d'un pays, il faudrait qu'il en fût de même, s'il était possible de prendre un tel fait pour exemple.

Ce qu'il faut pour administrer un État, ce sont des sages, dont l'esprit doit être préoccupé de l'intérêt de tous, sans distinction de classes. Et les lois, une fois faites en ce sens, chacun doit s'y soumettre, les respecter, sauf à modifier ces mêmes lois, si la pratique démontre un jour qu'elles ont quelque chose d'imparfait et de contraire à la vraie raison. Le bonheur de tel gouvernement ne vient pas du nom qu'il porte, mais des bienfaits qu'il s'efforce de répandre.

Si la République, ou ceux qui la représentent, s'écartent du droit, elle n'a plus de raison d'être ; elle sera combattue. Pour être respectée, c'est l'œuvre des républicains. C'est à eux, si vraiment ils ont plus de mérite que les autres, de la rendre aimable par le fait de leur sage administration, qui consiste non pas à être injuste et faire mal comme les autres, mais toujours mieux, si toutefois ils veulent, comme ils le disent toujours, le triomphe du droit et toujours le droit.

On sait bien que l'on ne peut pas plaire à tout le monde ; qu'il est difficile également de fonder un gouvernement qui plaise à tous ; il faudrait pour cela des hommes parfaits, sans passions ni faiblesses. Et encore seraient-ils parfaits, qu'ils ne plairaient point aux imparfaits. Mais enfin, ce qui est bien, et surtout franchement honnête s'impose toujours et doit amener forcément, chez la plupart, si réellement on veut le règne de la justice, le respect du gouvernement établi qui protège une chose si utile à tous. S'il n'en est pas toujours ainsi, si le respect ne s'incline pas toujours devant les transformations sociales, c'est que l'esprit philosophique ne préside pas toujours à ces transformations, mais le plus souvent l'intérêt personnel de ceux qui les amènent, non pour le bonheur de tous, mais pour eux seulement. C'est un peu dans ce but et cet esprit que les partis et la plupart d'entre eux se disputent le pouvoir. Les rois, les monarchistes qui les défendent ne veulent ni de la République ni des républicains pour être au pouvoir, non pour le bonheur des peuples, mais pour eux ; les républicains, de leur côté, sont à peu près de même : pour le même motif et la même raison, ils ne veulent pas de monarchistes pour être à leur place. Il y a des exceptions, comme partout, je suis le premier à le reconnaître ; mais il n'est pas rare d'en rencontrer qui veulent la République, non pour le triomphe du principe lui-même, mais dans un but d'intérêt personnel et se faire une position.

C'est au nom du peuple et de la République que certains intransigeants espèrent faire fortune. Il faut bien le croire ainsi, puisque dans *leurs épanchements* du cœur et leur grand amour pour le peuple ils pensent avoir, en dix ans, *vingt mille francs de rente, ou dix mille* si l'on se récrie sur le chiffre de la première somme à laquelle ils prétendent.

Ce que je te dis là n'est point un conte, une fable. Mon maître, il y a quelques jours, en parlait à un de ses amis, lui disant qu'un de ces hommes *dévoués et modestes* lui avait parlé de la sorte, quand il n'était rien et qu'il espérait être quelque chose; aujourd'hui il est représentant du peuple. De telles préoccupations n'ont rien de philosophique. Aussi les hommes qui pensent ainsi sont généralement pour les pouvoirs qui triomphent. La monarchie renversée, c'est vers le peuple qu'ils se retournent et qu'ils flattent sans raison comme sans esprit.

Sous la République, le peuple étant seul souverain et seul dispensateur des suffrages, c'est donc à lui que les hommages sont adressés. Comme c'est dans le caractère de l'humanité de préférer la louange au blâme, le peuple se laisse donc louer comme tous les autres mortels. Et il ne s'en plaint pas, finissant par se persuader qu'il est l'essence des grandes choses, et non des petites.

Pour gagner les suffrages des peuples travailleurs, — on dirait que l'autre partie de l'humanité n'existe pas, — on flatte son amour-propre outre mesure. On lui dit qu'il est *tout*, qu'on lui *doit tout*; qu'il est le nombre et la force et qu'il *peut tout!* Celui qui leur parle ainsi, quoi qu'on en dise, n'est pas rigoureusement dans le vrai, mais aux yeux du peuple c'est un bon républicain. Le peuple, c'est beaucoup, je ne le conteste point, mais ce n'est pas tout.

On cherche à le séparer d'une autre classe de la société qu'on appelle *bourgeois*. On ne cherche pas à éveiller les grands sentiments de concorde entre tous, mais des sentiments de haine, plutôt que de combattre avec raison les torts qui se trouvent un peu chez tous, car ils ne sauraient être tous du même côté.

On ne recherche qu'une chose : c'est d'avoir le peuple pour soi. Tous les partis en sont un peu là. Étant donné qu'il est le nombre, c'est donc au nombre que l'on s'adresse, sans se préoccuper de l'intelligence qu'il peut avoir.

Le peuple, de son côté, ne se préoccupe pas toujours non plus des aptitudes de ceux qui veulent et doivent le représenter. Si ces derniers l'ont flatté, s'ils lui ont dit que *tout* était à lui et qu'il devait *tout* avoir, cela lui suffit et l'entraîne quelquefois à donner ses suffrages à de tels insensés.

Tous les partis ont la naïveté de diviniser le peuple, quand il les acclame. Tous disent : *Vox populi, vox Dei*. Voix du peuple, voix de Dieu. Pour le parti opposé et battu, c'est le contraire. Quelques-uns, plus électrisés, se remplissent la bouche du mot : *Poople*, pour lui prouver que réellement ils veulent faire son bonheur. Ce mot de Peuple, dit avec emphase, n'a pas, selon moi, autant d'importance qu'on semble lui en donner. Le peuple, toutefois, se croit mieux défendu par ce genre de tribuns, qui le flattent sans cesse, que par tout autre qui se préoccupe avant tout d'un principe équitable profitable à tous, ou du moins à tous les affligés, quelles que soient leurs conditions.

Les flatteries exagérées égarent et perdent tout le monde, le peuple compris, si fort qu'il soit. C'est ce qui explique que, dans les réunions publiques, le candidat ou les candidats préférés ne sont pas toujours les plus sages, les plus sensés, mais les plus adroits, ceux qui visent à faire leurs petites affaires, de préférence à celles de tous, et qui ne doivent quelquefois le succès de leur élection qu'à des phrases creuses comme celle ci, par exemple : *Tout pour le peuple et tout par le peuple !* On crie : Bravo ! et le candidat est enlevé.

Le peuple n'aime pas les privilèges ; mais quand un tribun lui dit : *Tu auras tout...* cela ne semble pas l'indisposer. Cependant, lui, qui est *grand*, ne peut vouloir les privilèges pour lui, puisqu'il les combat chez les autres ! Faire le contraire de ce que l'on blâme n'est jamais un titre de supériorité et ne saurait l'être chez un peuple, si grand qu'il puisse être.

Quoi qu'il en soit, c'est à des représentants de cette force, dispensateurs de toutes choses... en paroles, presque toujours, qu'il accorde bien souvent ses suffrages, de préférence à d'autres plus raisonnables, plus sensés, mais qui ne le flattent point, parce qu'un peuple n'a pas besoin de l'être et ne doit pas l'être, si on le prend au sérieux, mais seulement défendu, quand ses réclamations sont équitables.

Le peuple devrait se pénétrer de cette vérité, que l'ami vrai ne flatte jamais. Il loue celui qu'il estime quand il fait bien et le blâme quand il fait mal, parce que tous les hommes sont susceptibles de commettre des fautes et d'avoir des torts. Il en est de même du peuple. Le louer quand il a raison, c'est justice; le blâmer quand il a tort, quand il est injuste, c'est encore être juste, pour lui comme pour tous. Car on ne peut approuver le bien et le mal de la même façon. Et si le peuple voulait toujours des louanges pour l'injuste comme pour ce qui est juste, il s'ôterait à lui-même quelque chose de sa grandeur.

Maintenant, si après avoir écouté les flatteurs de préférence à tout autre, qui veut le triomphe d'un principe de justice et non celui d'une classe de la société quelle qu'elle soit, il est trompé, faut-il le plaindre? Pas toujours. Ceux qui le trompent sont des misérables. Ils n'ont pas d'excuse. On n'en a jamais quand on trahit, même un ennemi. Mais aussi pourquoi le peuple, dans son intérêt personnel, accepte-t-il, de certains étourneaux, des propositions parce qu'elles ne sont absolument avantageuses que pour lui et préjudiciables aux autres?

Quand on choisit des mandataires, des représentants, cela ne doit pas être le fait de l'adulation ou du hasard, mais celui d'une sage réflexion.

Il ne faut pas accepter, pour vous représenter, un homme qui vous dit inconsciemment : *Tu auras tout* ou *tu dois tout avoir.* De telles promesses ne sont point sérieuses, pas davantage ceux qui les font. Avant de se laisser entraîner par leurs discours, il faut peser les paroles qu'ils renferment, et voir si ce qu'elles promettent, en fait de bien-être, est vraiment réalisable. Il ne faut pas songer, pour être heureux, à remplacer une classe pour prendre ses privilèges, si elle en a, et vouloir vivre des mêmes injustices qu'on lui reproche ; mais seulement vouloir ce qui vous est dû. Cela seulement est sensé, raisonnable, à mon avis, du moins. Car on ne peut tout avoir et vouloir tout pour soi, puisqu'on ne le veut pas pour les autres.

Celui qui parle ainsi manque de justice ; il faut donc le repousser comme administrateur sérieux. Et si par égoïsme on l'accepte, si l'on commet cette faute, il faut en supporter toutes les conséquences. Quand on est puni par où l'on pèche, il faut prendre cela comme une leçon salutaire, utile pour soi, et mieux choisir à l'avenir pour ne pas avoir de nouvelles déceptions.

.·.

On dit également : *Tout par le peuple!* C'est vite dit. Mais est-ce bien pratique ?

Tout par le peuple, — c'est ainsi que je le comprends, — veut dire qu'il se gouverne lui-même. Comment peut-il se gouverner et comment peut-il s'entendre pour cela ? Je voudrais que le doute que j'émets ici en fît découvrir le moyen. Cela me semble difficile, vu la divergence d'idées et de manières de voir. Pour se gouverner, il faudrait qu'il s'occupât constamment de ses affaires, qu'il soit assez entendu pour le faire, et surtout qu'il ne confondît point la liberté avec la licence, ce qui sera toujours le germe destructeur des républiques. Il s'occupe bien de ses affaires, si l'on veut, mais c'est dans le moment des élections, et pour charger les hommes de son choix de les faire pour lui. Comment s'y prendrait-il pour faire des lois, et, le plus difficile, les faire accepter ? *Il est contre l'ordre naturel que le grand nombre gouverne et que le petit soit gouverné,* dit encore J.-J. Rousseau dans son *Contrat social.* Je suis de son avis.

Quand un navire fait naufrage, chacun des passagers se sauve comme il peut ; mais tous, malgré cela, se pressent autour du pilote pour trouver leur salut. Ici, on ne s'adresse pas au plus grand nombre, mais au plus expérimenté : le grand nombre s'abandonne au petit. Si le nombre fait la force, il n'en est pas toujours de même pour diriger.

Si nous remontons le cours des âges, si nous consultons l'histoire, nulle part le plus grand nombre n'a jamais gouverné. Dans l'antiquité, à Athènes, il y avait le Sénat, les archontes, magistrats distingués par leur savoir et leur intégrité ; à Sparte, il y avait, à part le Sénat, les Éphores, conseil formé de cinq magistrats seulement, dont le pouvoir, la mission était de contre-balancer l'autorité royale et celle du Sénat, en réprimant les injustices que l'une ou l'autre, volontairement ou involontairement, pouvait commettre au préjudice du peuple ou de la république.

Je ne sais si je m'abuse, mais je compare l'État à un vaisseau. Les matelots représentent le peuple ; tous travaillent, concourent à sa conservation, à son salut. Mais, pour tout cela, un seul pilote commande. En temps de paix, il surveille chaque chose, il doit le faire. Au moment du danger, du péril, lui seul encore ordonne et commande la manœuvre. Où en seraient-ils tous, si chacun voulait commander à sa guise ?

Ici encore, comme tu le vois, ce n'est pas le grand nombre qui gouverne, mais le petit, et sur lequel est fondée l'espérance du salut. Pour un État, n'en est-il pas un peu de même ?

Cela ne veut pas dire que je veux un roi de préférence à une république. Pour gouverner une nation, un peuple, je veux des hommes bons, justes, instruits, en un mot des philosophes, qui prennent la raison pour guide et non le fanatisme.

Il faut bien reconnaître également que les sages ne sont pas les plus nombreux. Si la sagesse était du côté des gros bataillons, les hommes seraient tous plus heureux. Les sages, — quand il s'en trouve, — étant le petit nombre, c'est donc raisonnablement au petit nombre à gouverner, autant par leur savoir que par le fait de leur sagesse. Le peuple, si intelligent qu'il soit, aura toujours besoin des mandataires, non-seulement pour régir la nation, mais pour faire des lois sans lesquelles lui et elle ne pourraient vivre d'une façon paisible. C'est à lui de bien choisir

ses représentants, d'être assez sérieux pour le faire; de prendre
des hommes instruits, — sans quelques connaissances, il est difficile de bien administrer; — ne pas regarder la condition de
l'homme, mais voir l'expérience et l'intelligence qu'il possède;
la bonté de son caractère et l'équité qu'il sait toujours mettre
dans ses actions. Un homme bon attire à lui, et fait aimer quelquefois le principe qu'il représente, parce qu'on le suppose bon
comme lui. Administrer un État est chose grave. Pour cela, il
faut des hommes qui, par leur savoir et leur conduite honnête,
imposent le devoir à tous. Tout vient d'en haut. Quand les gouvernants sont licencieux, le peuple le devient aussi; quand les
gouvernants n'ont pas de morale, les peuples n'en ont guère non
plus. Il faut donc des hommes supérieurs, des hommes qui, sans
distinction de classes et de parti, défendent uniquement ce qui
est juste, parce que cela est profitable à tous, au fort comme au
faible. C'est d'unir les classes de la société autant qu'il est possible; que l'intérêt de l'une ne soit pas sacrifié au profit de l'autre.
Ceci est de la justice; devant elle seulement les hommes sont
égaux. Ayons, — ou du moins, — qu'ils aient assez de sagesse
pour ne les point diviser par des noms de caste ou de *bourgeois;*
il ne faut voir que des hommes qui doivent vivre en paix. Et
chercher à les réconcilier toujours, c'est le rôle et le devoir d'un
gouvernement quel qu'il soit. Il ne faut pas se passionner pour
une classe plus que pour telle autre, mais les défendre toutes
quand leurs droits sont méconnus.

.•.

Pour moi, le peuple c'est tout le monde. C'est l'humanité, en
un mot tous les hommes. Il est difficile de sortir de là. Si, dans
la société, on veut faire plusieurs classes, ce ne doit pas être pour
les diviser, mais les engager à vivre en bonne intelligence.

Tous les hommes sont utiles ; toutes les intelligences ne sont pas les mêmes, mais toutes sont nécessaires les unes aux autres, ayant chacune leur attribution. Il ne faut pas la division chez les hommes, mais l'union de leur force, de leur intelligence, pour le bonheur de tous, ce qu'ils devraient comprendre.

On veut que le *vrai* peuple soit les travailleurs, ceux qui font un travail manuel. Le travailleur, dans ces conditions, est digne d'intérêt à tout égard ; mais cette classe de citoyens n'est pas l'humanité tout entière ; c'est une partie. L'autre qui la compose travaille aussi, non pas de même ; mais si c'est par intelligence, elle coopère néanmoins au travail général.

Avant d'exécuter un travail quelconque, il faut le concevoir ; celui qui le conçoit, qui l'organise, a donc autant de mérite que celui qui l'exécute. A ce titre, puisque cette autre partie travaille, elle est utile comme l'autre ; à ce titre encore elle est peuple.

Pourquoi serait-elle oubliée, sacrifiée ?

On n'a pas à défendre une classe de la société plus que telle autre. On doit les défendre, ou défendre tous les hommes, sans exception, quand ils sont victimes de l'injustice qui frappe quelques-uns d'entre eux. Il ne faut pas se fanatiser pour aucune classe, mais être rigoureusement équitable pour toutes. Puisque tous veulent la *justice*... ? qui donc oserait se plaindre de la voir appliquer ?

On dit encore sans raison : *Tout pour le peuple !* Pourquoi tout ? Ceux qui lui parlent ainsi le trompent ; ils ne pensent pas ce qu'ils disent, ou s'ils y pensent assez pour le dire inconséquemment, c'est dans un but d'intérêt personnel, je le pense du moins, plutôt que servir une cause. Les hommes qui lui parlent ainsi sont ambitieux de places qu'auprès de leurs auditeurs ils espèrent obtenir, sous l'apparence d'un dévoûment exceptionnel. C'est peut-être quelquefois le secret de bien des grandes phrases, que le peuple, de son côté, ne devrait pas toujours applaudir.

On ne peut donner au peuple, comme aux autres, que ce qui lui est dû. Or, tout ne lui est pas dû. Pourquoi vouloir tout lui donner, ou plutôt pourquoi promettre une chose qu'on ne peut donner? Pourquoi le tromper en lui faisant espérer une chose irréalisable? C'est augmenter seulement le nombre de ses déceptions. C'est vers des choses pratiques, raisonnables qu'il faut diriger son esprit, et non l'irriter par des chimères que l'on sème dans son imagination, sans aucun profit pour son bien-être.

Si l'on n'est pas heureux dans sa condition, on sait bien qu'il faut réclamer pour la rendre meilleure. Mais, pour cela, il ne faut pas sortir de ce qui est sensé et demander l'impossible. C'est ce que l'on semble faire, en lui disant étourdiment: *Tout pour toi!* En lui parlant ainsi, on le déshonore pour ainsi dire. On fait supposer que chez lui il n'y a pas d'idées, pas de principes, mais l'égoïsme seulement, s'il pouvait prendre cette phrase au sérieux et comme réalisable.

Pourquoi dépouillerait-on une classe de la société au profit d'une autre? C'est ce que semble dire cette phrase: *Tout pour le peuple!* Où cela mène-t-il? Rien de clair, rien de défini. Prendre aux uns pour donner à d'autres, n'est pas un principe avec lequel on puisse vivre en paix.

La classe dépouillée injustement ne chercherait-elle pas à reprendre ce qui était à elle? Et après? Après, ce serait une guerre continuelle entre les dévalisés et les dévaliseurs; telle serait, je crois, la conséquence de la phrase: *Tout pour le peuple!* si elle était mise en pratique comme on la donne.

Il faut donner au peuple ce qui lui est dû, parce que cela doit être. C'est le devoir qu'envers tous on doit observer sévèrement, aussi bien pour une classe que pour une autre. C'est tous des hommes, le droit de tous doit donc être respecté.

D'autres, désirant plutôt les faveurs du peuple que de le servir sérieusement, disent avec emphase comme certains journalistes de petite feuille démocratique, le *Républicain du Rhône*, du 19 décembre 1880 :

« Laissons donc les hommes de côté ; ne soyons ni thurifé-
« raires, ni iconoclastes, honorons-les tant qu'ils servent les
« libertés de la République, mais sachons garder notre indé-
« pendance et n'ayons qu'une idole : le Peuple ! »

Eh bien ! non. Il devrait dire : N'ayons qu'un idole, le Droit, supérieur à tout, à tous et même au peuple, si grand qu'il soit. C'est avec le respect du droit que le peuple lui-même, ou l'humanité, vit en paix. Du respect du droit naît l'harmonie. Cela ne se discute pas. Si tous les hommes s'en faisaient les rigoureux observateurs les uns pour les autres, il n'y aurait pas de révolution. Une révolution n'est quelquefois que la conséquence du droit violé. Il faut donc le défendre dans la personne de chaque citoyen, parce qu'il est profitable à tous. Il faut défendre tous les opprimés, quelle que soit leur condition. C'est un bon exemple, une mesure sage que les républicains ne savent pas suivre fidèlement. Ils se croient très-forts, cependant ; mais ils sont, le plus souvent, des hommes de parti et non de principe.

.˙.

Tu observeras encore, mon cher Nicolas, que *M. Sévérus* dit : Ne soyons pas thuriféraires ou flatteurs, et il fait justement une chose qu'il dit de ne pas faire. Le peuple, selon moi, je te le répète, — regrettant de ne pouvoir faire autrement, — c'est tout le monde.

Des esprits, naturellement supérieurs au mien, qui ne suis

qu'un âne, prétendent le contraire. Pour ces derniers, le vrai
peuple, c'est les travailleurs, celui ou ceux qui font un travail
manuel, qui manient le marteau ou tout autre instrument de
travail. C'est leur droit de penser ainsi. Si l'on pensait tous de
même, on ne discuterait pas.

Mais je ne pense pas qu'il soit défendu de penser autrement et
de formuler quelques observations.

Admettons comme vrai ce qu'ils disent. Cette classe de la
société, les travailleurs, je le dis ici avec sincérité pour elle, doit,
avec raison, intéresser tout le monde, à juste titre, en raison
des services qu'elle rend. Car ce n'est que par le travail, il faut
le reconnaître, que les nations sont fortes, riches et grandes.
Leur gloire, en quelque sorte, n'est que le reflet de celle qui
environne les citoyens, puisqu'elle est leur œuvre, le fruit de
leurs travaux et de leur intelligence. Mais cela fait, cet hommage
rendu aux travaux manuels et à la classe intelligente qui les
fait, pourquoi cette classe de la société serait-elle une idole ?
Parce qu'elle travaille ? Mais elle n'est pas seule à travailler. Tout
le monde fait de même, riches et pauvres, pas de la même façon :
mais, enfin, chacun est utile dans la grande ruche sociale.

Il y a des pauvres qui travaillent par force, par nécessité ; ils
sont à plaindre si le salaire qu'on leur donne est insuffisant pour
subvenir à leurs besoins. C'est les torturer. C'est une mauvaise
action. Mais il y a des savants qui pourraient ne rien faire et qui
travaillent pour l'humanité. Qu'ont-ils de moins ? Pourquoi
l'autre classe de la société, — le peuple travailleur, puisque l'on
veut diviser les hommes, — pourquoi cette classe, dont l'occupation est de faire un travail manuel, serait-elle une idole ? Pourquoi
une partie de la société serait-elle l'admiratrice de l'autre, et
l'autre, qui ne fait pas davantage, admirée par elle, puisque
toutes ont besoin des unes et des autres ? Si les bras ne peuvent
rien faire sans la tête, et la tête, rien sans le secours des bras,
étant nécessaires les uns aux autres, le plus sage est de les admirer tous quand ils se rendent mutuellement service. Avant de
faire des idoles, il faut bien voir les choses et les hommes comme
ils sont, et ne pas donner aux uns plus de mérite qu'ils n'en possèdent au préjudice des autres. Si l'esprit de parti ou de jalousie

de condition et de caste pouvait entraîner les hommes jusque-là, ce serait regrettable pour eux : on serait en droit de) douter de leur soi-disant raison qu'ils prétendent mettre en toutes choses.

..

Qu'est-ce que le peuple, en définitive? Un être collectif, chez lequel, sans prendre cela en mauvaise part, il faut reconnaître qu'il y a de tout : le bien et le mal ; vices et vertus ; des bons et des mauvais citoyens ; des êtres laborieux, infatigables, honnêtes, luttant contre toute espèce de privations et se privant même de choses utiles, nécessaires plutôt que de les devoir. Ne songeant qu'à une chose : rester probes et mourir de même. Natures sublimes, mais dont le devoir et les sacrifices faits à l'honneur restent presque toujours ignorés. Mais tous ne sont pas ainsi. Et les moins laborieux sont quelquefois les premiers à se plaindre, à susciter des grèves, qui toujours leur sont préjudiciables, pour demander des augmentations de salaires et des diminutions d'heures de travail. Si le salaire qu'on leur donne est insuffisant pour vivre confortablement, ils font bien de réclamer une augmentation, si, cependant, sans préjudice pour le patron, elle peut leur être accordée. Je suis le premier à reconnaître qu'un ouvrier doit vivre du travail qu'on lui fait faire. Mais il ne faut pas plus d'exigences d'un côté que de l'autre. Ainsi, je ne voudrais pas, — si j'ai tort, c'est facile à modifier, — je ne voudrais pas leur voir demander une augmentation de salaire et avec cela une diminut'on d'heures de travail, si celui qu'ils font n'a rien de trop pénible ni de dangereux pour leur santé. Il y a, je le sais, certains travaux qu'on ne peut prolonger autant que d'autres, comme les malheureux qui travaillent dans les mines, les fonderies, les verreries, etc. Mais tous les corps d'état n'offrent pas les mêmes fatigues ni les mêmes dangers. Il faut donc voir si la diminution d'heures de travail réclamée se trouve en rapport de l'augmentation de salaire, lequel s'augmente encore par la diminution d'heures de travail. Le problème est celui-ci : on veut travailler moins, et gagner autant ou davantage. Mais cela doit être raisonné, fait équitablement par le travailleur, afin que l'intérêt des uns ou des autres ne soit nullement compromis, froissé. L'intérêt aveugle un peu tous les hommes, et le peuple, tout peuple qu'il est, n'échappe point à cet aveuglement. Il crie à l'injustice sans s'apercevoir qu'il est parfois injuste lui-même, et même les travailleurs entre eux. Qu'on plaigne le peuple des injustices dont il peut être victime, qu'on le défende raisonnablement, rien de mieux ; c'est un devoir devant lequel nul ne doit faiblir, aussi bien pour lui que pour une autre classe de la société. Mais le supposer, lui peuple, capable de n'en point commettre, c'est encore une erreur, un éloge gratuit qu'on lui fait, mais qu'il ne justifie pas toujours par sa manière de faire.

C'est vrai, dans son ensemble, il peut être grand. Il a parfois des élans de charité admirables pour secourir une infortune. Mais cela ne veut pas dire qu'il est parfait, infaillible, ce me semble. Il est juste et injuste à ses heures, comme tout ce qui appartient à l'imparfaite humanité. S'il a l'imperfection des autres hommes, des autres classes de la société dont on veut le séparer, pourquoi serait-il donc une idole ?

C'est une chose que *M. Sévérus*, un pseudonyme, sans doute, a oublié d'expliquer et de bien définir ?

Avant de créer des idoles, il faut bien en dire la raison.

— Penses-tu que l'on sera de ton avis ? lui demanda Nicolas.

— Quelques-uns peut-être, reprit-il, seront de mon avis, et d'autres, ce qui se voit toujours, d'un avis contraire. S'il fallait parler et penser comme tout le monde, on ne dirait jamais rien. On parle pour soi. Je dis ce que je crois vrai. Je mets tous mes soins à bien parler et à bien agir : la bonne intention que l'on met à bien faire nous épargne des remords et nous console de l'infortune quelquefois, lorsqu'elle arrive. Quand on ne souffle point la haine, qu'on ne prêche point le mal, on n'est jamais responsable ni coupable de celui qui peut se faire.

— C'est juste. Je ne sais pas ce que l'on pensera de tes raisons, de ta manière de voir, mais je la partage : si tu es blâmé,
j'en prendrais ma part, répondit Nicolas. Pour en revenir à ce que
tu disais du peuple, il y a, en effet, chez lui ce que l'on trouve chez
tous, puisque c'est l'humanité ou une partie, comme on voudra.
Mais le *tout* étant imparfait, la partie qui en est séparée, ou que
l'on veut séparer, ne saurait être meilleure. Chez les hommes, à
bien le remarquer, il n'y a pas de solidarité bien réelle. Chacun
songe à soi, parce que chacun songe à ses peines. Le peuple fait
de même, il fait bien, il a raison. Il parle toujours de ses droits,
c'est toujours pour cela qu'il réclame et pour lesquels il se révolte.

C'est bien encore, rien de mieux. Je l'approuve. C'est son
droit et son devoir de le faire : il manquerait à l'un et à l'autre,
et même au respect qu'il se doit à lui-même, s'il ne le faisait
point.

Mais ses devoirs ? Si l'on a des droits à réclamer, on a bien,
ce me semble, des devoirs à remplir ? Si le peuple est soucieux
de ses *droits*, quand parle-t-il de ses *devoirs?* Que donne-t-il, ou
qu'offre-t-il en compensation de ces droits qu'il réclame ? Rien.
On n'y songe même pas et nul n'y songe même bien, quelle que
soit la condition des individus dans la société. On dirait que le
devoir, ce que chacun doit aux autres, ce qu'ils se doivent tous,
n'existe pas, mais seulement ce qui intéresse le droit bien ou mal
fondé.

Les droits étant un avantage, on réclame ; les devoirs étant
une charge, on ne réclame plus. Tous disent : *Nous voulons ceci
ou cela,* mais nul ne demande ce qu'il faut faire, ce qu'il doit
faire pour l'obtenir. La nation semble être oubliée. Ils veulent
tous recevoir, nul ne songe à donner. L'intérêt d'un chacun est
compromis par l'égoïsme de tous. Tout est sujet de plainte, de
jalousie. Les classes de la société semblent toutes se haïr. Le sentiment des masses s'est plutôt abaissé qu'il ne s'est élevé. Depuis
un certain nombre d'années, depuis 1848 environ, le peuple et
tout le monde ne s'est pas moralisé, mais plutôt démoralisé. Le
goût du travail semble se perdre. On veut tous des conditions et
des positions élevées, fortunées, sans parler du travail et de l'intelligence qui seuls peuvent y conduire. Ceux qui ne font

rien ou ne veulent rien faire veulent le même bien-être et partager avec ceux qui travaillent. C'est, je crois, ce qu'on appelle les *collectivistes*. Ces gens-là[ne veulent pas nourrir les autres de leurs *sueurs*, comme ils disent, mais ils trouvent tout naturel de vivre de celle des autres. Quel est donc le mauvais esprits qui les berce! De notre époque, ce n'est pas un sentiment philosophique qui se dégage de toutes les réclamations qui se produisent, mais la convoitise, la haine seulement. On raisonne mal, selon moi. On veut posséder ce que les autres possèdent. Pour cela, on n'invoque pas toujours un principe, un droit, quelque chose de raisonnable. On dit brutalement : « *Nous prendrons!* »

L'homme qui arrive par son travail, son intelligence, à se créer une position plus heureuse que celle de tel autre devient le point de mire d'attaques misérables et ridicules. On l'appelle *bourgeois*, comme tu le disais tout à l'heure. Si bien que ce mot, lancé avec mépris à la face d'une classe de la société, ne peut qu'éloigner indéfiniment toute idée de conciliation, tout espoir de s'entendre et de s'aider.

— Lis-tu quelquefois les journaux? demanda Nicolas à son ami.

— Oui, sans doute, répondit-il, pour voir l'esprit de rivalité et de haine qui anime les hommes entre eux, nos supérieurs.

— Tu fais comme moi. Ainsi, je trouve dans un journal, le *Lyon républicain*, du lundi 31 janvier 1881, le compte-rendu d'une réunion publique d'ouvriers, au sujet des heures de travail, la réclamation suivante :

« Un bon moyen est entre les mains des ouvriers : c'est *la
« grève* ; ils peuvent par la grève se faire accorder *la réduction
« des heures de travail*. Il y a déjà cinquante corporat'ons, plus
« peut-être, qui sont arrivées à ne faire que dix heures de tra-
« vail. Toutes peuvent obtenir le même résultat en résistant aux
« patrons. »

« Mais, ajoute l'orateur, qui n'est pas un âne pour l'esprit,
« obtenir la réduction des heures n'est pas tout ; il faut que l'ou-
« vrier devienne possesseur des instruments de travail, et, pour
« en arriver là, il faut nous organiser révolutionnairement pour
« faire la loi au bourgeois et pouvoir lui dire : *Sois avec nous,
« ou crève!!* » (Applaudissements. — Interruptions. — Rires.)

18

Le même orateur ajoute encore un peu plus loin :

« Enfin, la possession par les ouvriers des instruments de tra-
« vail, la socialisation de tous les moyens de production, c'est là
« un but qu'il faut poursuivre par tous les moyens, au besoin
« par la force ; il ne faut pas regarder aux moyens. Ne deman-
« dons plus à la bourgeoisie, disons-lui : *Nous prendrons !* »
(Longue interruption. Cris : hou ! hou ! le fou !)

Ceux qui ont crié : *hou le fou !* ont eu raison. Quand on parle à
des travailleurs, il faut leur dire des choses honnêtes, parce qu'il
n'y a que celles qui sont honnêtes que l'on puisse accepter.

Comme tu le vois, malgré mon observation, les réclamations
ne sont pas toujours formulées avec douceur. On pourrait en
citer d'autres du même genre, qui toutes manquent de modéra-
ration et ne sont pas bien définies. Ce n'est jamais avec des sentiments de haine qu'on parle raison.

Faisons la loi aux bourgeois ! disent-ils. Erreur. Il ne faut faire
la guerre à personne, mais empêcher qu'elle se fasse. Pourquoi
le peuple ferait-il plus « la loi » aux bourgeois, que lui, peuple
travailleur, ne voudrait qu'on la lui fît ? Si cette loi était injuste,
pourquoi l'accepterait-on ? Parce qu'elle émanerait du peuple ?
Ce n'est pas une raison. On doit respecter ses bonnes intentions,
sa bonne foi de bien faire ; mais il n'y a toujours d'acceptable
que ce qui est juste, parce que cela seulement a des chances de
succès.

Prenons ! disent-ils encore, l'esprit égaré. Mauvaise parole, que
le peuple, le travailleur honnête, repousse. Ceux qui acceptent de
telles théories ne sont jamais les plus nombreux. Il ne faut pas
réfléchir à sa dignité pour les prononcer. Prendre n'est pas un
principe et ne le sera jamais. Pourquoi vouloir prendre, quand
les travailleurs eux-mêmes se plaignent d'être dépossédés ? Prendre n'appartient qu'aux malhonnêtes gens. Les conquérants
prennent aussi ; mais pour fonder, établir la République d'une
façon sérieuse et durable, ce n'est pas ces derniers qu'il faut
prendre pour exemple. Défendre ce qui est à soi est seul raisonnable ; prendre ne l'est plus, aussi bien pour un parti que pour
un autre.

Pour arriver au bien-être, et l'esprit peut-être plus surexcité

que méchant, ils ajoutent : *Il ne faut pas regarder aux moyens.*
C'est grave. Cela fait supposer bien des choses. Employer tous
les moyens, c'est aller du vol à l'assassinat. Si les bourgeois te-
naient contre les travailleurs les mêmes discours, que diraient
ces derniers ? Le blâme qu'ils pourraient leur faire avec raison
peut leur être adressé.

Une chose qui ne me semble pas bien raisonnable et encore
moins justifiée, c'est le terme de *bourgeois* que certains ouvriers,
par dépit sans doute, jettent aujourd'hui à la face d'un homme
placé dans une condition plus heureuse que la leur. C'est un
bourgeois, dit-on. On dit cela avec mépris, comme si c'était
synonyme de voleur.

Le bourgeois est un homme comme un autre, ou, si l'on veut,
un travailleur parvenu. Mais si son bien-être est le fruit de son
travail, de son activité, de son intelligence et non du vol, on doit
le respecter, l'imiter, le prendre même pour modèle, pour
exemple, afin d'arriver, dans la mesure du possible, au même
bien-être que lui.

Si tous veulent être heureux, pourquoi mépriser celui qui,
par des voies honnêtes, sera plus heureux que d'autres ? Pourquoi les considérer comme ennemis ? Parce qu'ils sont plus heureux ? Mais si les hommes qu'on appelle *bourgeois* ont travaillé
pour cela, quoi de plus juste, de plus naturel ? Voulant tous le
bien-être, pourquoi blâmer celui qui peut y parvenir. Ce n'est
pas pour médire de l'humanité ; mais les hommes, parfois, sont
vraiment animés d'un mauvais esprit. Ce qui est à regretter,
c'est que les efforts de tous ceux qui travaillent n'aient pas, au
bout de leurs peines, le même succès, en un mot, le même bonheur, qui est le résultat, ou du moins qui toujours devrait être le
résultat des efforts accomplis, faits pour y parvenir.

Mais repousser un homme parce qu'il est plus heureux que
soi ; le lui faire sentir par ce mot imbécile de bourgeois, faute
d'autres arguments, n'est vraiment pas sérieux. Ceux qui raisonnent ainsi, ou plutôt qui ne raisonnent pas du tout, ne réfléchissent pas que, placés dans les mêmes conditions, ils blâmeraient, avec raison, les mauvais plaisants qui pourraient leur
reprocher leur bien-être honnêtement gagné.

Ce n'est pas la condition d'une classe de la société qu'il faut blâmer, condamner, mais ses injustices seulement, si elles sont cause de l'infortune des autres, ce qui est un grief sérieux.

En fait d'injustice, elle existe chez toutes. Je pense comme toi à cet égard. Les travailleurs eux-mêmes ne le sont pas toujours, bien qu'ils en aient la pensée. A vrai dire, je ne la vois pratiquer nulle part, bien que tous la réclament chacun pour soi. Il y en a de justes, mais c'est toujours le petit nombre, victimes de ceux qui ne leur ressemblent point.

Pour être juste, il faudrait peut-être que tous les hommes changeassent de condition les uns les autres ; de cette façon ils comprendraient peut-être mieux les réclamations que d'autres moins heureux peuvent faire, mais qui restent vaines, parce que ceux auxquelles elles s'adressent ne sont pas à la place des récla-mants... puis l'amour de soi qui aveugle la plupart sur les peines d'autrui, que l'on suppose toujours inférieures à celles qu'on peut avoir.

Nul n'aime l'exploitation ; mais la plupart des hommes s'en servent pour le triomphe de leurs intérêts personnels, sauf à la blâmer quand elle leur est contraire.

Je vois ceci : les hommes, entre eux, n'ont bien souvent, en fait de solidarité, que le mot qu'ils répètent sans cesse, mais qui est sans effet si l'action est absente.

— C'est juste, interrompit Bertrand. Ainsi regarde, le peuple avec juste raison, comme je crois te l'avoir dit, n'aime pas les privilèges et n'en veut pas ; mais s'ils étaient à son avantage, serait-il aussi sévère ? Peut-être que non. On ne voit pas une faveur de la même façon qu'on voit une injustice. La première vous plaît, la seconde vous irrite. C'est dans l'ordre des choses. On ne semble pas toujours repousser une chose parce qu'elle est mauvaise ; mais, chez bien des gens, c'est parce qu'elle n'est pas quelquefois à leur avantage. Ainsi, j'en vois encore qui ne veulent pas de rois, ni princes, ni ducs, ni barons, en un mot, tout ce qui ressemble de près ou de loin à ces titres frivoles, que la nature n'a point créés, mais que les hommes ont cru devoir introduire dans leur société, pour marquer le rang des uns et des autres.

Mais, si frivoles que soient ces titres, donne-les à tous ceux qui s'en plaignent, qui se révoltent contre ceux qui les portent! Ils ne se plaindront plus des princes, puisqu'ils le seront, et encore moins des privilèges qui font cortège au titre. Ils ne diront plus rien. Au contraire, ils ne trouveront rien de mieux que d'être à la fois ducs, princes... et même bourgeois.

Ainsi de bien des choses. Ne pas avoir ce que d'autres possèdent, ou ne pas être à leur place, est souvent chez quelques-uns la cause de bien des réclamations, qui ne sont pas toujours formulées équitablement.

Ainsi, admettre comme justes certaines réclamations ou griefs, parce que la condition de telle personne est moins heureuse que celle de telle autre, ne me semble pas bien admissible. Il faut bien en connaître la cause. Il n'est réellement pas possible que les conditions de tous les citoyens soient heureuses au même degré. Vouloir l'égalité sous ce rapport est impossible, si nous tenons compte de l'inégalité des forces et de l'intelligence de chaque individu. Moins de force ou d'intelligence, ou les deux réunis, sont deux causes qui expliquent un salaire moins élevé et la conséquence forcée d'une condition moins heureuse. C'est malheureux. Mais si l'on naît pauvre d'esprit, ou privé de tous autres moyens efficaces pour arriver au même bien-être que d'autres, ceux qui sont plus heureux n'y sont pour rien. Si l'on ne peut faire autant que d'autres, on ne peut avoir les mêmes avantages. L'égalité des salaires est peut-être charitable, même fraternelle si l'on veut, mais est-ce bien juste ? Ce n'est point mon avis.

Il y en a aussi, ce qu'il faut observer, qui ont plus d'activité, plus d'ardeur au travail que d'autres; qui se donnent de la peine pour parvenir, quand d'autres, moins courageux, moins énergiques, se laissent aller à une certaine indolence, qui leur est toujours préjudiciable : donc, celui qui fait peu ne saurait avoir autant que celui qui fait beaucoup. Ce n'est peut-être pas l'avis des collectivistes, mais c'est juste.

Les réclamations, bien souvent, manquent de clarté, parce que bien souvent aussi l'envie seule les inspire. Il faudrait, quand elles se produisent, qu'elles reposassent sur un fait qui les puisse justifier et leur donner raison. Rien n'est plus facile que de se plaindre; mais encore faut-il que la plainte ou la réclamation soit justifiée, raisonnable.

Aujourd'hui, comme nous le disions tout à l'heure, on crie contre une classe de la société, le *bourgeois*, sur lequel on jette l'anathème, pour ainsi dire, qu'une partie des travailleurs rend, à tort ou à raison, responsable de leur infortune. Il faut trop de perfection dans l'humanité pour qu'il n'y en ait pas toujours quelques-uns qui se plaignent des autres.

Le *bourgeois*, que je ne défends pas plus que d'autres, étant un homme... comme les autres, comme les autres encore il est imparfait. Mais lui reprocher de faire le malheur d'une autre classe ne me semble pas toujours bien établi. C'est toujours le même défaut : on ne définit pas le grief ou les griefs. Il peut y en avoir, mais il faut bien l'établir. On le suppose l'auteur du mal dont souffre une autre classe. Le vrai grief, qu'on n'ose peut-être pas avouer, serait-ce qu'on le trouve plus heureux et trop heureux ?

Le bonheur bien acquis ne doit jamais être reproché.

Ce qui me semble ressortir de tout cela, c'est le désir d'être à la place des autres, de tous ceux qui possèdent, non pas parce que ces derniers sont inférieurs aux travailleurs, — ces derniers eux-mêmes ont leur mérite, — mais les autres ont également le leur, mais, ce semble, pour prendre la place de ceux qu'ils appellent bourgeois. On crie contre cette classe, non pas parce qu'elle a été malhonnête, mais parce qu'elle est plus heureuse, sans réfléchir et le prouver, si son bien-être est le résultat de la fraude.

Oh ! je suis le premier à le reconnaître, il y a des bourgeois pas honnêtes, mais il y a aussi des travailleurs qui ne le sont pas. Le peuple travailleur, ou des journalistes qui parlent en son nom, ne formule pas des réclamations basées sur un principe ; on entend seulement des invectives ridicules, qui aigrissent les patrons contre les ouvriers, plutôt que de chercher à les calmer et les amener à s'entendre, ce qui serait profitable à eux tous, pour leur intérêt et leur tranquillité.

Pour arriver au même bien-être que d'autres possèdent, qui

peut leur porter envie, on ne leur dit pas : Il faut défendre honnêtement vos droits et vos intérêts et travailler ensuite. Ne réfléchissant plus, on en arrive à dire trivialement : *Nous prendrons !*

A tort, on exalte le travailleur. Il a un mérite que nul ne peut nier ; mais il ne faut pas le faire plus grand qu'il n'est. Le travailleur est quelque chose, mais, en somme, le secours des autres lui est utile.

Au lieu de cela, on lui dit : *Vous devez tout avoir ! Tout est à vous !*

Je trouve dans un journal de Lyon, le *Droit social*, du dimanche 19 février 1882, les paroles insensées qui suivent, intitulées : *Justice !*

« Impuissant ! toi (le travailleur) dont la *sueur* a produit
« *toutes* les richesses, toutes les merveilles accumulées sur le
« globe terrestre. Impuissant... ! toi, dont les ancêtres ont bâti
« les pyramides d'Égypte, troué les monolythes des Indes ; toi,
« dont les frères ont creusé le canal de Suez, et affirment leur
« puissance au percement de celui de Panama.

« Qui donc alors a créé toutes ces lignes de chemins de fer
« qui sillonnent le monde en tous sens ? Qui donc a produit
« toutes ces richesses qui encombrent les magasins, les entre-
« pôts, remplissent et la boutique du commerçant et le grenier
« du cultivateur ?

« C'est toi, prolétaire, homme de cœur et d'énergie... jette
« un regard fier autour de toi, et contemple... *Toutes ces richesses*
« *t'appartiennent, tu les as produites ; elles sont à toi !* Prends-les,
« disposes-en à ton gré ; partage avec tes frères de Roanne ;
« car eux aussi ont coopéré à cette production immense. *Prenez*
« *sans crainte !* et si un insolent quelconque s'oppose à cette
« prise de possession, *traitez-le comme un vulgaire voleur ;* tout
« ce qui est production doit appartenir à son auteur ; mais
« comme par la loi des salaires « le producteur ne possède
« rien », *quiconque possède a volé,* et à défaut de la justice sociale
« qui n'existe pas, qu'on lui applique (au bourgeois naturelle-
« ment) la loi de Lynch : œil pour œil, dent pour dent. Ce sera
« le commencement de la justice, de la vraie justice. »

Les insensés qui écrivent de pareilles choses appellent cela Justice ! Que serait-ce donc, si ce n'était pas la Justice ?

Dans ce que je viens de te dire, on ne parle pas du droit, base sacrée de toutes revendications, on prêche le vol comme un principe, — et cela, il faut le remarquer, par des gens qui ne veulent pas être exploités. — On dit de tout prendre au préjudice de l'honneur, de l'honnêteté même du travailleur, qui, sans se mépriser complètement et déchoir à ses propres yeux du respect qu'il se doit à lui-même, ne peut accepter une telle théorie comme une ligne de conduite à suivre. Lui-même travailleur, à la place des bourgeois, qu'il combat, ne voudrait pas qu'une telle licence se fît contre lui.

Dire que *tout* appartient aux travailleurs est une faute et une sottise tout à la fois. Pourquoi tout serait-il à eux, puisqu'ils se plaignent que les autres prennent trop ? Pourquoi feraient-ils, avec tant de légèreté ou d'égoïsme, ce qu'ils condamnent si sévèrement chez les autres ?

En agissant de la sorte, leur honneur, leur dignité de travailleur, ferait naufrage : de tels actes n'appartiennent qu'à la vile multitude. Les écrivains qui donnent de tels conseils et qui voudraient qu'ils fussent suivis sont bien coupables et responsables du mal qui peut se faire.

.˙.

Le travailleur a des droits, c'est reconnu. Mais ces droits ne veulent pas dire que tout est à lui, puisqu'il a besoin du secours des autres, comme d'autres ont besoin des siens. Il parle de ses sueurs. Elles sont respectables ; mais quand on abuse de ce mot, on a tort. Si le travailleur donne ses sueurs, d'autres font do même. Il aide à toutes les productions, non de son plein gré toujours, mais parce qu'il y est obligé pour vivre. Il y a des savants qui pourraient ne rien faire, et qui travaillent pour le bonheur de tous. Le travailleur a sa part de gloire dans ce qui se fait et ce qu'il fait. C'est justice ; nulle part il ne doit être oublié. Mais une part n'est pas tout et tout ne peut être à lui, puisque d'autres ont travaillé comme lui. Il coopère aux productions industrielles de toutes sortes, comme un certain nombre de gouttes d'eau coopèrent, elles aussi, au débordement d'un vase. Mais le vase plein, l'œuvre achevée, laquelle pourrait se dire la propriétaire du vase ? Toutes ont contribué au même travail ; elles ont fait chacune leur devoir : elles se sont entr'aidées les unes et les autres. C'est là également, pour chacune d'elles, leur auréole de gloire. Elles ont prêché la solidarité en action. C'est, je crois, dans sa simple expression, le rôle du travailleur, celui que tous les hommes devraient comprendre et suivre les uns envers les autres.

Si, par la force, la violence, et non le droit, le travailleur *veut tout*, comme il le dit ou le lui font dire certaines feuilles démocratiques hébétées, il n'est plus grand ; il est petit, méprisable. Ceci s'applique à lui comme aux hommes qui le peuvent exploiter et tromper. On ne peut donc tout donner au peuple. Si on lui donnait tout, ce serait au préjudice d'une autre classe, d'autres citoyens qui, à leur tour, seraient en droit de protester contre l'injustice qui leur serait faite.

Rien de changé dans l'ordre social : la plainte viendrait d'un autre côté, et la révolte de la suivre, révolte aussi juste, aussi équitable que celle des travailleurs. Il ne faut pas déplacer une plainte, mais les supprimer toutes si c'est possible, ou du moins en diminuer le nombre, ce qui est un pas fait vers l'harmonie.

Or, donner tout aux uns en dépouillant les autres n'est pas une solution, mais la guerre civile en permanence. Un tel état de choses ne peut être accepté, surtout par des hommes qui se disent *tous des frères*, phrase sérieuse, mais que la plupart jettent au vent sans bien réfléchir à son importance.

.˙.

Toujours dans le journal le *Droit social*, du dimanche
5 mars 1882, je trouve ce qui suit, véritable perle :

« Pour détruire l'égoïsme, est-il dit dans une réunion socia-
« liste de gens éclairés, il faut *détruire la propriété personnelle*,
« et le motif de vouloir avoir quelque chose sera supprimé.

« Pour terminer, dit l'orateur, nous sommes communistes
« parce que nous voulons que chacun consomme selon ses be-
« soins et travaille autant que sa force le lui permet. Dans une
« société organisée de cette façon, vous n'aurez *plus ni révolu-*
« *tionnaires ni mécontents.* »

Un autre orateur, et révolutionnaire tout à la fois, revenant à
la bourgeoisie, termine la séance de la réunion par ces paroles
bien *senties* et pleines de douce fraternité :

« Il faut, dit ce grand orateur, entourer la bourgeoisie par un
« réseau de mailles. Que chaque maille soit un groupe, et en
« resserrant ces mailles, nous parviendrons, — ce doit être tou-
« jours fraternellement, — *à broyer la bourgeoisie comme la*
« *machine à vapeur broie le sable sous ses rails.* Pour faire de la
« bonne propagande, allons dans les grèves démontrer aux
« ouvriers que l'usine *est* leur propriété et le *patron* leur ennemi,
« qu'ils doivent, — toujours au nom de la plus scrupuleuse fra-
« ternité, — *le tuer et prendre ce qui lui appartient.* »

La raison n'a jamais existé chez l'homme et elle n'existera
jamais. On dirait qu'elle n'est pas faite pour lui. Ce que je viens
de te citer semblerait le prouver. Crois-moi, il ne faut pas trop
médire des bêtes ; elles sont bien souvent supérieures à l'homme.

C'est l'intérêt de chaque individu combattant celle d'un autre,
qui, sous la forme d'un semblant de justice, et pour couvrir ses
mauvais sentiments, veut prendre à l'autre ce qu'il possède.

On ne veut pas la République parce qu'elle peut quelque chose pour tous, sauver l'intérêt et le droit de tous et être utile à l'humanité; on veut la République pour soi, comme je te le disais tout à l'heure, parce que chaque individu qui la désire, — je ne dis pas tous, mais la plupart du moins, — espère se faire une position meilleure. On semble songer à soi de préférence à l'humanité. Ce n'est pas ainsi, et avec des pensées aussi étroites, que la République peut s'établir. Il faut quelquefois penser aux autres pour le bonheur de soi. La République sera forte et grande et s'imposera d'elle-même quand ceux qui la veulent s'appliqueront à donner l'exemple de la justice et de la probité, ce qui bannit toute idée d'usurpation et de spoliation du bien et du droit des autres.

Dans la même réunion que celle dont je te cite plus haut les éloquentes paroles, un ouvrier des ateliers de la Buire, usine à Lyon, prononce les paroles suivantes :

« Si les actionnaires des ateliers de la Buire viennent nous
« demander un dividende, nous leur dirons: Voici nos outils,
« travaillez ; à la fin de la journée, comme nous, vous aurez
« votre salaire. Ha! vous ne voulez pas travailler? Ha! vous
« voulez vivre du *sang* du peuple? vous voulez crever d'indiges-
« tion quand le peuple crève de faim? Pan! pan! fusillé! »
(Applaudissements frénétiques des auditeurs.)

Une dame Paul M..., une bien belle intelligence, mais que mon humble espèce n'envie point, dit dans un de ses discours :

« Il y a des patrons qui associent leurs ouvriers à une part
« dans leurs bénéfices. On en fait des saints! des petits saints!!

« des grands saints ! ! ! C'est bien. Je ne dis pas que c'est mal.
« Mais il y a une chose qui me chiffonne. Pourquoi ce patron ?
« Il n'en faut plus ! »

— Oui ! oui ! Bravo ! répond le public.

Plus de patrons, c'est vite dit, parce que la parole, quelquefois,
n'obéit pas toujours à la réflexion. Pour les supprimer, il y a un
moyen : c'est l'association des ouvriers entre eux, ce qui serait
sage de leur part, si, cependant, ils savent être assez raisonnables pour s'entendre ou qu'ils travaillent tous chacun pour leur
compte. Pour les supprimer, il faudrait aussi que les ouvriers
eussent les matières premières et les moyens de se les procurer ;
qu'ils se missent en devoir de tout faire par eux-mêmes ; qu'ils
eussent tous les talents, ce qui n'appartient qu'à tous les hommes. Il faudrait qu'ils fissent tout ce qui peut leur être utile :
vêtements, ustensiles, souliers, etc., etc., etc.; en un mot, tous
les objets nécessaires à la vie. Ne voulant travailler pour personne, ils seraient forcés de ne travailler que pour eux.

Ils ne pourraient donc plus vivre de leur propre métier, étant
obligés de les tous faire pour eux-mêmes. Le travailleur, si
intelligent qu'il soit, où prendra-t-il le talent, l'esprit nécessaire
pour tout faire et surtout pour le faire convenablement ?

Ceux qui parlent ainsi sont sans doute de bonne foi. Mais,
franchement, il faut rêver pour compter sur la réalisation d'un
tel système. Pour toutes espèces de travaux, il faut toujours
qu'un homme soit à la tête pour les diriger, ou une société qui
charge un des siens de veiller à l'entreprise projetée, du soin de
la mener à bien, aidé, cela va de soi, du concours de tous les
associés. Dans ces conditions, chacun a son rôle à remplir; chacun
également a sa part dans les bénéfices que l'œuvre achevée peut
donner. C'est l'association des forces et des intelligences d'un
certain nombre de citoyens pour une entreprise quelconque : la
répartition entre tous des bénéfices qu'elle peut donner est donc
équitable. Rien de plus juste.

Mais il n'en est pas de même avec un patron. S'il vous occupe
à la journée ; si les conventions sont ainsi faites, on les doit
respecter. On ne peut réclamer toujours que le prix de la journée, et rien de plus. A soi de mieux faire, si l'on croit avoir mal
fait, mais après les conventions expirées.

Cela ne veut pas dire que je défends, ici, les patrons de préférence aux ouvriers et au préjudice de ces derniers ? Je ne défends ni les uns, ni les autres : ils m'intéressent tous quand ils sont justes. Je défends seulement le droit de tous, pour les condamner tous, patrons et ouvriers, quand ils ont tort. D'un côté comme de l'autre, il y en a de bons et de mauvais, de justes et d'injustes, qu'ils soient patrons ou ouvriers. Parmi ces derniers, il y en a qui, arrivés patrons, sont quelquefois plus injustes que ceux qui les ont occupés. Les intérêts changent, chez quelques-uns, l'esprit et la manière de voir. Ils imposent, à leur tour, certaines choses qu'ils eussent blâmées, si elles leur avaient été imposées.

Je dirai seulement aux ouvriers qui ne veulent pas de patrons ; qui parlent même de les *tuer*, comme le journal le *Droit social* de Lyon veut bien le dire, de tâcher de devenir patrons à leur tour, ce qui serait plus sage, ou de s'associer pour ne plus avoir à s'en plaindre, si, toutefois, comme je viens de te le dire, ils ont le bon esprit de savoir s'entendre. Leur intérêt est d'essayer.

Dans ce que je viens de te dire plus haut, il y a bien des choses à relever. On ne veut pas servir le dividende aux actionnaires, qui, par l'avance faite de leurs propres fonds, ont contribué à la fondation de telle ou telle entreprise. Il faut raisonner. Comment l'usine se serait-elle établie, créée, si un certain nombre de citoyens n'avaient pas apporté l'argent nécessaire pour son édification? Si l'usine de la Buire existe, ou toutes autres du même genre, c'est aux actionnaires qu'on le doit. Dira-t-on, pour les amoindrir, que c'est l'intérêt qui les a fait agir? Pourquoi agiraient-ils autrement que d'autres, puisque les travailleurs, et enfin la plupart des hommes, se laissent conduire et s'inspirent du même sentiment ?

Si l'entreprise projetée, — ce qu'il faut observer, — ne réussit pas, les avances qu'ils ont faites sont perdues pour eux : une partie ou la totalité, c'est selon. Si elle réussit, si elle donne, par son succès, des avantages aux travailleurs, pourquoi les actionnaires n'en auraient-ils pas une certaine part ?

Je ne dis pas qu'il faut tout leur donner et qu'on leur doit tout. Il ne faut sacrifier personne. Il faut leur donner équitablement selon les services qu'ils ont rendus.

On leur doit ce que l'on ne veut pas leur donner. Et les premiers qui le leur refusent, par la raison qu'ils se servent de ce qu'ils n'ont point créé d'eux-mêmes, seraient peut-être aussi les premiers à réclamer pour eux, s'ils étaient actionnaires, les mêmes faveurs, les mêmes avantages qu'ils ne veulent pas donner aux autres.

Cela n'est pas juste, à mon avis. Il faut combattre de telles prétentions pour les empêcher de se produire autre part, si c'est possible.

.∙.

Je ne sais pas si les personnes qui parlent de la sorte ont la prétention d'éclairer les ouvriers. C'est probable ; mais, selon moi, ils se trompent étrangement.

Qu'on leur dise : Vous avez droit à une certaine part dans les bénéfices de telle entreprise, cela se conçoit, c'est raisonnable et dépend néanmoins des conventions passées avec les ouvriers et le patron ou la société, si c'en est une.

Mais qu'on lui dise étourdiment, au point d'exalter sa mauvaise

humeur : *Tu auras tout ou tu dois tout avoir, ce* n'est pas réfléchir. Ceux qui parlent ainsi n'ont pas le sentiment du juste.

Pourquoi le travailleur, si intéressant qu'il soit, aurait-il tout,
puisque si intelligent qu'il soit encore, — et il ne l'est pas plus
que les autres, — il a besoin de leur concours, de leur aide pour
arriver à quelque chose de parfait?

La seule chose raisonnable à demander, en fait de réclamations, c'est de ne pas sacrifier le salaire des ouvriers au dividende
des actionnaires; que chacun ait sa part dans la prospérité de
l'entreprise. A chacun ce qui lui est dû.

Les chemins de fer, disent-ils encore, sont aux ouvriers et
tout ce que renferment les magasins!...

Parlons d'abord des chemins de fer qui *sont aux ouvriers.* Les
travailleurs font les travaux des chemins de fer. C'est bien. Ils
sont utiles, ils le prouvent. Mais comment eussent-ils fait le ter-
rassement de tous ces travaux nécessaires, utiles à tous, si d'autres, avant eux, n'en avaient préalablement conçu et fait le
tracé, le plan pour l'exécution des travaux qu'ils sont appelés à
faire, eux, travailleurs?

S'ils font un travail que d'autres ne peuvent faire, eux, de leur
côté, feraient-ils celui que d'autres ont fait? Eussent-ils conçu
et préparé l'ouvrage qu'ils doivent achever?

Ce que je te dis là revient un peu à mes gouttes d'eau de tout
à l'heure, pour le débordement d'un vase : du moment que l'on
ne peut rien les uns sans les autres, on ne peut, sans injustice,
tout leur donner.

Rien n'est plus raisonnable que cette maxime, qui trouve ici
sa place : *A chacun selon son travail ou selon ses œuvres.*

.˙.

On lui dit également :

« *Toutes les richesses t'appartiennent, tu les as produites; elles*
« *sont à toi! Prends-les, disposes-en à ton gré!...* »

De quoi peut-il donc disposer, lui, travailleur, de plus que les autres? De ce qui est à lui, comme les autres citoyens, quelle que soit leur condition. Tout ne peut être à un seul, tout ne peut donc pas être au travailleur.

Il a travaillé ; pour le travail fait, un salaire lui a été donné. Si c'était là la convention, il n'a droit à rien de plus. Chose convenue, chose due. Lui, de son côté, a-t-il payé la matière première? Non. S'il ne l'a point payée, pourquoi serait-elle à lui? pourquoi aurait-il tout, pourquoi disposerait-il d'un bien qui n'est pas à lui, quand lui-même, avec raison, ne voudrait pas que d'autres disposassent du sien?

Être ouvrier, c'est être homme utile. Mais être ouvrier ne veut pas dire pour cela qu'on ait le droit de tout prendre. Si tous avaient la même pensée, les mêmes prétentions, on ne pourrait vraiment pas s'entendre. Tout prendre n'appartient pas plus aux travailleurs qu'à ceux qui les occupent.

On ne peut pas se passer des travailleurs, disent-ils. Momentanément, c'est possible. Mais la nécessité rend industrieux et fait faire bien des choses. Si les travailleurs ne voulaient rien faire et qu'ils refussassent leur concours, d'autres, à leur tour, prendraient leur place, se feraient ouvriers, moins habiles sans doute, mais ils arriveraient, avec le temps, la nécessité, à les égaler, et les travailleurs eux-mêmes, leur bouderie passée, à reprendre leurs travaux, chacun dans le genre qui lui serait particulier. C'est donc au mieux de chercher à s'entendre.

.·.

On dit aussi, ou on lui fait dire :
Quiconque possède a volé !
Citer une phrase, ce n'est pas toujours l'approuver ; c'est quel-

quefois la condamner. Ici, je la condamne. Cette phrase idiote, à mon sens, peut s'appliquer à tous, à ceux qui la disent ainsi qu'à l'ouvrier, ne lui en déplaise.

Avoir une veste, c'est possession. Si posséder, c'est avoir volé, où cela commence-t-il, où cela peut-il bien finir ? Je ne le puis dire.

Si posséder c'est avoir *volé*, en partant d'un tel principe, il faut absolument ne rien posséder du tout, et, pour le travailleur, pas même une veste : on pourrait lui dire qu'il l'a dérobée. Pourquoi pas ? puisque quiconque possède a volé. Que répondre à cela ? Rien, ou à peu près. Ceux qui parlent de la sorte, sans s'en douter, se condamnent eux-mêmes en voulant condamner les autres. C'est le plus clair de leur raisonnement.

.˙.

Puisque je suis en train de te faire des citations, je vais t'en faire une autre, que je trouve encore dans le journal le *Droit social*, du 21 mai 1882. Je sais qu'il y a certaines choses qu'on ne devrait ni reproduire ni répéter ; si je surmonte un peu le mépris qu'elles m'inspirent , si je me laisse aller à te les redire ici, c'est pour te bien faire connaître l'esprit de méchanceté de ceux qui les pensent et les écrivent. Cet article est intitulé : *De l'action anarchiste pendant la Révolution*. C'est au sujet de la révolution sociale et des moyens *tout pacifiques* que désirent employer certains insensés.

Leurs moyens, pour arriver au bien-être, qu'ils ne veulent point sans doute acquérir par le travail, consiste dans :

« *La destruction de la propriété individuelle, quand même cette
« révolution serait momentanément vaincue.*

« En effet, jusqu'ici on m'a bien dit qu'il fallait, pendant la
« lutte s'emparer de la propriété, de l'outillage, mais sans s'ap-
« pesantir sur les caractères que devrait avoir cette prise de
« possession ; nous croyons, nous, que, profitant de chaque mo-
« ment de répit, les travailleurs en armes *doivent détruire les*
« *taudis infects qui, dans la société* actuelle même, sont reconnus
« inhabitables *et en loger les habitants dans les maisons bour-*
« *geoises ; ceux qui profiteraient de cette expropriation se trouve-*
« *raient intéressés à défendre cette révolution qui leur apporte-*
« *rait une amélioration immédiate,* et, si elle venait à être vain-
« cue, ils se rappelleraient non sans regrets cette heure de jouis-
« sance et ce serait le but de la révolution à venir.

« *Ensuite, on devra réquisitionner tous les objets de consomma-*
« *tion, habillements et autres objets de première nécessité, princi-*
« *palement dans les grands magasins, les transporter dans des*
« *endroits spéciaux où chacun pourrait venir s'approvisionner*
« *de ce dont il aurait besoin, et, en s'emparant de ces marchan-*
« *dises, détruire les livres de comptes, factures, etc., qui pour-*
« *raient servir à leurs détenteurs actuels, à réclamer une indem-*
« *nité quelconque au cas où la révolution serait vaincue. Il fau-*
« *drait, en un mot, intéresser dès le début de la lutte la masse de*
« *ceux qui ne possèdent pas, et surtout tellement la compromettre*
« *qu'elle ne puisse entrevoir son salut que dans la nécessité de la*
« *Révolution.*

« Mais tout ceci ne serait rien, si, comme nous l'avons dit
« plus haut, la révolution venait à être vaincue, cela certaine-
« ment l'aurait caractérisée, cela aurait fait entrevoir un mo-
« ment à la masse la fin de son exploitation en lui indiquant le
« but de la révolution à venir ; mais cela ne serait pas assez pour
« porter un coup définitif au principe de la propriété indivi-
« duelle ; voici donc à quoi, selon nous, à présent, devraient s'oc-
« cuper les groupes anarchistes qui veulent porter à la révolu-
« tion leur part d'action chacun selon son tempérament et ses
« aptitudes : *lever les plans des localités où ils se trouvent situés,*
« *afin de pouvoir s'y porter dès le début de la lutte ou sitôt que les*
« *circonstances le permettraient, les études de notaires, avoués,*
« *etc., les bureaux du cadastre, des hypothèques., etc., les mai-*

« ries et les archives communales ou départementales, et pour
« Paris en plus la Cour des comptes, où se trouve renfermé le
« grand-livre de la Dette publique, pointer aussi où l'on pour-
« rait se procurer immédiatement des produits inflammables ou
« explosibles.

« Et lorsque la révolution éclaterait, au lieu de se borner à se
« battre et à se retrancher derrière une barricade où nous risque-
« rions fort de succomber, car ce serait l'émiettement des forces
« révolutionnaires, il faudrait miner le plus d'endroits que l'on
« pourrait et y mettre le feu aussitôt qu'ils seraient envahis par
« les troupes bourgeoises, et détruire ainsi et la propriété et ses dé-
« fenseurs ; mais principalement où devraient se porter les efforts
« destructeurs des anarchistes, ce serait sur les points que nous
« avons signalés plus haut.

« Au feu les études de notaires, avoués, etc., afin de détruire
« les titres de propriété individuelle qu'elles contiennent ; au feu les
« bureaux d'agents de change, banquiers, etc., afin de détruire les
« titres de rentes, actions, obligations, billets ou n'importe quelle
« valeur qu'ils peuvent contenir; au feu les livres du cadastre
« et des hypothèques, qui servent à délimiter la propriété indivi-
« duelle ; au feu les bureaux de perception ou d'enregistrement
« pour la comptabilité de l'État qu'ils contiennent ou les diverses
« valeurs qu'ils pourraient contenir. Au feu la Cour des comptes
« avec le grand-livre de la Dette publique; au feu les mairies et
« les archives contenant les papiers de l'état civil, afin de détruire
« la personnalité même des individus. Au feu enfin tout ce qui
« pourrait aider à la reconstitution de la propriété individuelle,
« détruire, partout où cela est possible, les murs, bornes, haies ou
« clôtures qui séparent les propriétés, bouleverser de fond en com-
« ble : DESTRUCTION, tel devra être le mot d'ordre des anarchistes
« dans la révolution qui se prépare.

« Comme nous l'avons dit plus haut, si un pareil travail était
« fait, la révolution serait-elle vaincue? Se figurera-t-on le gâchis
« épouvantable où seraient forcés de patauger l'autorité et les pro-
« priétaires, comment l'État reconstituerait-il les rentes, une fois
« que le grand-livre et les titres sur lesquels on aurait pu mettre
« la main seraient détruits?

5

« *Comment les propriétaires feraient-ils valoir leurs droits sur*
« *telle ou telle propriété lorsqu'on aurait détruit les titres et le ca-*
« *dastre où elles sont en catalogue? et qu'ils ne pourraient même*
« *pas prouver leur personnalité civile si l'on avait détruit les re-*
« *gistres des mairies et des archives. Comment délimiteraient-ils*
« *cette propriété où l'on en aurait bouleversé les bornes et détruit le*
« *plan cadastral?*

« *Ah! si, dans la révolution qui se prépare, on venait à faire ce*
« *travail, viendrait-el'e à être vaincue, leur société serait rendue*
« *tellement impossible, la perturbation qu'elle amènerait serait si*
« *grande qu'ils se battraient entre eux pour la reconstitution.* »

Que penses-tu de ces principes, de cette morale? demanda
Bertrand.

— Ce que j'en pense? répondit Nicolas, qu'ils sont bien loin
de cette maxime : Ne fais pas à autrui ce que tu ne voudrais pas
qu'il te fît. Ils sont fous.

— Dis : ce sont des coquins. C'est un raffinement de scélé-
ratesse qui les possède. Dans un numéro suivant, ils vont jusqu'à
donner les moyens, les procédés pour arriver plus vite et plus
sûrement à une destruction générale. Je ne les rapporte pas ici :
le mal se fait parfois avec tant de facilité et de complaisance,
que, dans l'intérêt de tous, il n'est pas nécessaire de les reproduire. Les mauvaises pensées sont, pour l'humanité, ce que l'ivraie
est aux bons grains : un fléau.

Ceux qui poussent à de telles extrémités n'intéressent plus; on
les méprise.

Tous les numéros de ce journal sont rédigés avec le même
style, la même élévation de sentiments et d'indulgence. Ils se
ressemblent tous, parce qu'on n'y parle exclusivement que d'extermination, de destruction, d'assassinat du *bourgeois et du sot*
préjugé du respect de la propriété!

Quand des hommes écrivent de pareilles choses, ils ne servent
plus un peuple, ils le déshonorent en perdant sa cause. On se
demande s'il faut les blâmer ou les plaindre? Je les plains d'avoir
des sentiments aussi bas, aussi cruels.

.·.

Les hommes reprochent beaucoup de choses aux bêtes. Mais tout ce que les hommes, ces bêtes parlantes et toujours guerroyantes, peuvent leur reprocher, les bêtes, à leur tour, et avec autant de raison, peuvent également leur reprocher bien des erreurs, des défauts qu'ils ne devraient pas avoir, puisqu'ils sont instruits, instruits pour le mal, qu'ils ne devraient point commettre, mais qu'ils font tout de même, quand l'intérêt l'emporte sur les bons sentiments.

Souvent ils ne sont pas justes dans ce qu'ils disent et pas toujours également dans ce qu'ils font. Cela vient de l'oubli d'observation que l'on devrait faire de soi-même, mais qu'on aime mieux faire chez les autres, blâmant chez eux les mêmes défauts que l'on porte en soi sans s'en douter.

Cela nous est démontré dans les réclamations citées plus haut. On n'y trouve ni la douceur, ni la justice, qui toujours, chez l'homme, devraient se trouver réunies, puisqu'il se dit supérieur et prétend l'être. Si la douceur et la justice ne président pas toujours aux réclamations qu'ils peuvent faire pour leur intérêt particulier, c'est que rien, le plus souvent, ne vient éclairer ni adoucir l'esprit de ceux qui les font, les travailleurs.

Jaloux, quelquefois, d'un bien-être qu'ils n'ont pas, la raison, chez eux, semble sombrer au milieu d'un ressentiment qui n'est pas toujours justifié. On veut le même bien-être des autres, peut-on l'acquérir toujours de ses propres forces ? Cette question, nul ne se la pose. On veut ce que les autres ont ; c'est tout. Pas heureux, les travailleurs s'en prennent à tout le monde, à la société, excepté à eux-mêmes, pensant de bonne foi, peut-être, comme bien d'autres, être toujours équitables, et avoir, de leur côté, toutes les bonnes raisons.

Je ne dis pas que tous, sans exception, soient heureux ; il y a malheureusement des infortunes cachées qu'il est regrettable, cruel même, de ne pouvoir soulager. Mais, en général, la position du travailleur, quoi qu'on en puisse dire, est plus heureuse qu'elle ne l'était autrefois. Pour eux, je le veux bien, ce n'est pas le bonheur parfait ; mais les autres ne l'ont pas davantage. Qui peut prétendre à cela ? Dans la vie, chacun a ses peines ; chaque condition porte les siennes avec elle. Si la vie est une douleur, un peu de résignation doit nous aider à la supporter. On n'est pas tous heureux au même degré, parce qu'il est impossible que cela soit, vu l'inégalité des intelligences qui est quelquefois un obstacle, selon ce que l'on veut faire ; mais, relativement, on est tous plus heureux. Chacun travaille pour soi, chacun est maître de soi ; le paysan est maître de son champ ; il travaille pour lui et non, comme autrefois, pour le seigneur ; il est maître chez lui et de lui ; en un mot, chacun vit mieux et plus confortablement. Le bien-être est donc plus grand. C'est une vérité incontestable. Cela ne se discute point. Et tout le bien-être que chacun possède aujourd'hui, le peuple comme tout le monde, ce n'est pas aux hommes politiques de notre époque qu'on le doit, mais à la révolution de 1789, uniquement aux philosophes du XVIIIe siècle, qui, par leurs écrits, ont préparé ce grand événement, cette heureuse transformation pour tous, si tous, plus raisonnables, voulaient bien se donner la peine de réfléchir pour le comprendre.

Depuis cette époque, je te le répète, il ne s'est rien fait de nouveau, ou plutôt rien de sérieux. On parle beaucoup pour ne rien faire. Les écrivains de notre époque, peu riche en élévation de pensées, ne feront jamais rien de pareil à ce que ceux du XVIIIe siècle ont fait, malgré leur prétention à tous d'être incomparables, *inimitables* et sublimes.

Autrefois, un certain nombre d'écrivains se préoccupaient de faire des œuvres utiles ; aujourd'hui, les écrivains de notre temps ne sont préoccupés que de gagner de l'argent. Il n'y a pas, de notre époque, d'écrivains philosophiques proprement dit, partant, pas de littérature et de livres philosophiques. Pas de bons livres dans les nouveaux, ou du moins c'est le petit nombre. Les livres anciens qui existent en ce genre sont à peu près délaissés par le plus grand nombre. On ne lit pas. Quand je dis qu'on ne lit pas, je veux dire qu'on ne lit rien de sérieux, et le peuple moins que tout autre : de là son ignorance pour ses devoirs à remplir ; je ne parle pas de ses intérêts, tous les hommes, la plupart du moins, les connaissent et les défendent quelquefois au préjudice des autres.

Pour lire des livres philosophiques, il faut remonter au XVIII° siècle et prendre tous les livres bien antérieurs à cette époque. Dans une lecture de ce genre, quoique imparfaite sous le rapport des idées de ceux qui les ont écrits, on y puise néanmoins un enseignement salutaire pour se mieux conduire dans le présent, si l'on veut mettre à profit les bonnes pensées des uns et des autres. Le livre philosophique, par lui-même, provoque la réflexion ; il ne peut donc, selon moi, que fortifier la pensée du lecteur, qui veut le triomphe du bien et de la vérité.

Je vois même la décadence en toutes choses. Je vois mal, sans doute, mais je vois ainsi. La décadence est même au théâtre. Il n'a plus la distinction d'autrefois, malgré tout ce que l'on pourra dire. Le mauvais goût de notre siècle l'a rabaissé et transformé en tréteau de foire, de saltimbanques. Plus de noblesse dans le genre des artistes et dans le style des ouvrages. Dans bien des pièces, de mauvais goût, l'argot des mauvais lieux remplace le français, de même dans les romans. Le public semble aimer ce genre d'insanité ; car s'il ne l'aimait point, si les pièces de mauvais aloi étaient sifflées, peut-être bien qu'on n'oserait plus les lui présenter. Il y a si peu de recherche, maintenant, de distinction, que les œuvres des grands maîtres, comme Corneille, Racine, ces puristes de la langue française, ne pourraient plus être représentées d'une façon honorable, digne de leurs auteurs. Il n'y a plus d'artistes... d'artistes de talent, bien entendu. Les auteurs, comme les comédiens, n'ont plus, ou semblent ne plus avoir l'amour du beau, ce feu sacré qui fait naître des œuvres sublimes et les rend supérieures à d'autres. On joue la comédie pour de l'argent et pour en gagner beaucoup. Les auteurs font des pièces à peu près pour le même motif, sans être stimulés par l'amour de l'art. Je ne veux pas dire par là que les auteurs doivent donner leurs pièces, et les comédiens jouer gratis. Mais si le sentiment du beau pouvait les inspirer tous, ils auraient un mérite plus sérieux.

Je me demande aussi si le public a bien le goût du théâtre. Ce qui me fait dire cela, c'est qu'à part le plaisir du spectacle lui-même, il en veut un autre. Un certain public veut trouver au théâtre un autre délassement, un *fumoir*, comme ils disent, où, pendant les entr'actes, il puisse aller fumer. On ne sait pas s'imposer la plus petite réserve. On ne connaît que soi et ce qui plaît. Si l'on préfère la pipe au théâtre, — ce qui est un goût comme un autre, puisqu'ils sont tous dans la nature, — il faut lui sacrifier le théâtre, et aller fumer plus loin ; si l'on préfère le théâtre, c'est de lui sacrifier la pipe pour quelques instants. Un fumoir dans un tel lieu n'a pas sa raison d'être, selon moi. Autrefois cela n'était point. Quand de telles licences s'introduisent au théâtre, c'est un peu l'indice que le bon goût et la réserve abandonnent le public. De là, comme je viens de te le dire, la décadence un peu en toutes choses.

.•.

A défaut de bons livres, de bonnes pièces, il reste les journaux, qui certes n'ont rien de philosophique et sont encore, à mon avis, incapables de relever l'esprit des masses, si toutefois les masses veulent s'élever l'esprit par la lecture. S'il en était ainsi, ce n'est pas les journaux qu'elles liraient pour cela. Maintenant est-ce un sentiment de curiosité qui pousse le public vers les journaux, dans l'espoir, toujours trompé, de trouver le sublime qu'il rêve, mais qu'il cherche en vain dans ces feuilles quotidiennes? Peut-être. Les journaux, de quelque parti que ce soit, ne renferment, le plus souvent, que des polémiques individuelles, qui n'instruisent pas toujours, quand elles instruisent, et ne font, le plus souvent, que mettre en évidence l'acuité des caractères de ceux qui les écrivent, leur orgueil, la rivalité et l'intérêt des individus qui se mettent en cause.

Je ne veux pas dire que les journaux sont absolument inutiles et nuisibles. Non. Je voudrais seulement que tous fussent plus sérieux ; que ceux qui les écrivent se basassent sur la vérité, la dire toujours, chose qu'on respecte pour son avantage personnel et qu'on viole quelquefois au préjudice des autres, aussi bien les journalistes d'un parti que ceux d'un autre. L'esprit de parti les gâte tous. Chacun de leur côté soutient et défend une coterie ; chacun d'entre eux, le plus souvent encore, s'inspire de leur intérêt de préférence à la vérité, qui toujours devrait être le point de départ et la base de toutes discussions ; cela n'étant point scrupuleusement observé, les journaux, selon moi, perdent un peu de leur mérite.

— Si les journaux, observa Nicolas, renferment des imperfections, les livres, sont bien de même puisqu'ils sont également faits par des hommes ?

— Je te l'accorde. Ton observation est juste. L'homme, par lui-même, renferme trop d'imperfections pour faire quelque chose de parfait. Mais le livre, étant plus cher toujours qu'un journal, il est moins répandu.

— Bonne chose, s'il est mauvais, interrompit Nicolas.

— Mauvaise... s'il est bon, répondit Bertrand. Maintenant, si dans le livre la vérité n'y est pas respectée, ce qui se voit que trop souvent ; si les idées, les pensées qu'il renferme sont mauvaises, vicieuses, poussant au mal et non au bien, ce n'est pas parce que c'est un livre qu'il faut l'accepter, l'admirer. Étant mauvais, on le condamne, on le laisse, comme on fait des mauvais journaux.

Je reviens à ces derniers.

Tous les partis ont les leurs. Mais dans les uns comme dans les autres, on trouve rarement l'esprit de tolérance que chacun réclame pour soi, et qu'ils oublient tous, ou à peu près, d'avoir les uns pour les autres. On est ainsi sans s'en douter.

Le journalisme, c'est là son mauvais côté, n'est pas fait exclusivement dans un but unique de répandre la lumière. Si l'on était ainsi, si l'on était pénétré de cette bonne pensée, les journaux seraient plus francs d'allures, plus sérieux. C'est un commerce où la pensée de faire fortune semble l'emporter quelquefois sur toute autre considération.

Les journaux républicains qui se targuent de clémence n'en professent pas toujours : j'en trouve rarement qui me plaisent, comme je trouve rarement des articles philosophiques capables de calmer les ressentiments des citoyens les uns envers les autres et tâcher d'éveiller l'esprit de concorde chez la plupart. On parle humanité, fraternité, et chacun de son côté souffle un peu la tempête, avec la pensée intime d'être tout miel. Les journaux monarchiques ne sont pas aussi religieux, dans le vrai sens du mot, qu'ils le prétendent et le veulent paraître, bien qu'ils parlent sans cesse de religion et de la Providence. Quoique animés de *l'esprit religieux*, dans lequel ils se drapent et ne pratiquent jamais, c'est avec plaisir qu'ils disent du mal de leurs adversaires les républicains. Quand ces derniers ne font rien de mal, ils supposent qu'ils en font ou qu'ils en veulent faire. Et quand ils n'en font point du tout, ils l'inventent, pensant méchamment, toujours avec leur esprit religieux, qu'il en restera quelque chose. On n'est pas plus charitable.

Ils sont presque toujours de mauvaise foi, parce qu'ils sont injustes. Leurs comptes-rendus sont rarement exacts, quand il s'agit de relater un évènement qui n'est pas en leur faveur. L'histoire est falsifiée, dénaturée, disent-ils, quand elle mentionne les injustices de la monarchie et les crimes des papes. Le fait le plus simple, souvent, par eux est travesti. Si, dans une réunion publique, un accueil flatteur est fait à un républicain, ils diront qu'il a été froid, c'est-à-dire tout le contraire de ce qui s'est passé. La lumière et la vérité s'éffacent devant leur esprit de parti. Vivant sous un gouvernement, la République, par exemple, qui n'a point leur sympathie, — affaire d'opinion et d'intérêt toujours, — tout est au plus mal, à tort ou à raison. A les entendre, on marche continuellement vers des abîmes; la route céleste doit toujours tomber et le soleil cesser de luire, ce qui arriverait peut-être s'ils pouvaient souffler dessus, pour justifier

leurs craintes et prouver à l'univers qu'ils sont dans le vrai et
leur administration seule possible. Il n'y a quelquefois rien à
redouter, mais ils le font pressentir avec un désir, mal déguisé,
de voir arriver un évènement qui puisse emporter tout ce qui
n'est pas le fait de leur œuvre. Ils font leur possible pour maintenir le public dans un effarement continuel. Ils ne sont peut-
être pas effrayés, mais ils voudraient que tout le monde le fût,
pour qu'il fît l'abandon d'un ordre de choses qu'ils n'ont point
créé, mais dont l'existence porte préjudice à quelques-uns de
leurs privilèges. L'intérêt général est sacrifié à l'esprit de parti.
La nation, qui devrait être défendue par tous, se trouve quelquefois oubliée au milieu de toutes ces coteries, rivales des unes
et des autres. On se dispute. Tous les journaux, blancs ou
rouges, tombent dans les mêmes écarts de langage, même injurieux quelquefois. Ils ne se pardonnent rien et semblent ne se
rien vouloir pardonner. La très-sainte Église monarchique et
catholique et l'Église démocratique sont toutes deux animées un
peu du même esprit d'intolérance. Quand on les a tous lus, on
dirait que les lecteurs des uns et des autres n'ont plus qu'un
fusil à prendre pour trancher le débat qui les occupe tous.

Les hommes de parti, c'est là le danger, n'attaquent pas toujours un gouvernement parce qu'il fait des fautes, mais parce
qu'il est de telle nuance plutôt que de telle autre. Ne l'aimant
pas on veut qu'il fasse toujours mal. On ne cherche pas à l'aider,
mais à le renverser. C'est en procédant ainsi que tous veulent
fonder quelque chose de stable et établir un gouvernement basé
sur la justice et la fraternité !

Ceux qui écrivent ces feuilles quotidiennes ne réfléchissent
pas, tous autant qu'ils sont, que notre passage ou leur séjour
ici-bas est de bien courte durée ; qu'ils sont tous des hommes, à
quelque parti qu'ils appartiennent ; qu'is ont tous, forts ou faibles,
besoin des uns et des autres ; que le parti le plus sage, en pareil
cas, et la conduite à suivre pour tous et envers tous, serait, s'ils
étaient raisonnables, de s'aider tous mutuellement ; de tâcher,
par leurs bons procédés réciproques, de prolonger leur vie à
tous, ce qui pourrait peut-être se faire, s'ils étaient mieux inspirés tous et qu'ils voulussent, une bonne fois, pour leur bonheur à tous, écouter la voix de la raison.

Cela n'est pas compris. Très-peu d'écrivains parlent dans ce sens, ce que je m'efforcerais de faire, si, comme tu le sais, je n'étais pas un âne.

*
* *

Tous les journaux, de quelque parti que ce soit, crient contre les coteries... quand ils n'en font point partie, ou qu'elles leur sont préjudiciables, à quelques-uns du moins. Se plaindre des coteries, c'est perdre son temps. Elles existeront toujours. Pour les supprimer, il faudrait qu'on supprimât les hommes, c'est-à-dire la cause elle-même pour ne plus avoir à se plaindre des effets qu'elle fait naître inévitablement.

Les journaux républicains, comme les autres, font l'éloge des leurs seulement, que cet éloge soit bien mérité ou non. S'ils ont mal fait, ils les défendent quand même, si, cependant, ce n'est pas trop grave. Les autres parlent pour eux. Les journaux anti-républicains font encore la même chose : le silence pour les sottises des leurs et révéler celles de leurs adversaires, bien heureux quand ils ont assez de réserve pour ne rien ajouter à ce qui existe. Ils publient, chacun de leur côté, tout ce qui est à leur avantage, — c'est dans l'ordre, — et préjudiciable à leurs ennemis. Ils veulent tous donner à penser qu'ils sont sages comme des images ; qu'ils n'ont tous dans leurs troupeaux que des brebis immaculées. Ils ont tous tort. Parce qu'un membre d'une corporation est malhonnête, cela ne veut pas dire que tous le sont. Chacun est responsable de ses fautes. Dans les procès criminels où la politique bien souvent n'a rien à voir, les journaux anti-républicains publient avec détails les injustices faites à un religieux ; mais, si c'est le contraire, si le religieux en cause, au lieu d'être la victime se trouve d'être le coupable, fais attention qu'on parle moins. On est prudent dans ce qu'on dit. Les minutieux détails qu'on avait pour grandir la victime ne sont plus les mêmes quand il s'agit de montrer le coupable sous un vrai jour. On semble ne plus rien savoir. Ce sont les journaux républicains qui font la lumière et nous narrent l'aventure d'un bout à l'autre. Ainsi font les autres quand les républicains ont quelque chose à cacher. Il paraît que c'est ainsi que les hommes comprennent la charité.

.*.

Si la coterie républicaine fait le silence sur la conduite irrégulière d'un des siens, ce qui peut se comprendre pour l'honneur du parti, elle fait quelquefois de même pour un autre qui lui est supérieure, à moins qu'elle y trouve son intérêt. Mais si c'est un homme qui songe au triomphe d'une cause, à l'intérêt de tous, de préférence aux siens ou à celle d'une coterie ; qui veut, en un mot, ce qui est juste, tu verras qu'elle fera le silence autour de lui, parce que la républicaine coterie n'aura pas intérêt à lancer dans l'espace, sur les ailes de la Renommée, ce qui ne peut la servir. Je ne dis pas que cela se fait toujours, mais cela se voit.

Les coteries, quelles qu'elles soient, réfléchissent toujours en faveur de leurs intérêts, au préjudice bien souvent du principe qu'elles représentent ou semblent représenter. Il faut penser comme elles : à ces conditions, vous pouvez faire quelque chose et passer pour des êtres exceptionnels.

Dans leur manière de faire à tous, ou du moins la plupart, il y a quelquefois plus de charlatanisme que de conviction. On dirait qu'on patronne une idée pour le triomphe d'une boutique ou d'un journal, si tu veux, en cherchant d'abord l'esprit du public. On le tâte. On cherche, non pas ses sentiments et à les relever, mais quel est son genre d'appétit. On ne cherche pas toujours à répandre des idées justes, honnêtes, mais à éveiller les instincts des masses, à attirer du moins leur attention sur des sujets littéraires plus ou moins épicés, afin de lui vendre, le point essentiel, le plus de journaux possible, dont une bonne partie ne rend aucun service bien sérieux.

— Chacun a ses goûts, dit Nicolas. Si d'autres aiment et trouvent bien ce que tu trouves déraisonnable?

— C'est possible, reprit Bertrand. Ayant l'esprit mal fait ou n'ayant à mon service que l'esprit d'un âne, je vois sans doute mal les choses. Mais, à mon avis, les journaux ne me font pas l'effet de toujours moraliser. Quand on a pris l'habitude de les lire, on les lit toujours, comme ne pouvant s'en passer. Cela entre dans votre existence et occupe l'esprit. Mais, dans toutes ces lectures, rien de bien fortifiant pour l'esprit, le caractère. Par contre, beaucoup de détails pour un assassinat. Pour un tel sujet, on fait un luxe de narration comme pour l'histoire d'une nation. Il faut bien en parler. Je ne dis pas de faire le silence sur un tel évènement; du moment qu'il se produit, c'est tout naturel de le raconter. Mais on peut le faire d'une façon plus simple, comme on faisait autrefois, tout en vous donnant connaissance des mêmes faits. Aujourd'hui, tous les journaux ont la prétention d'être *tous mieux renseignés* que tel autre et plus vite que tous les autres. Et quelques-uns d'entre eux, plus que d'autres peut-être, procèdent ainsi avec mystère, affectation, comme si l'on avait un in-folio dans les mains: *Lire à la deuxième page le crime de... — La découverte du crime. — Le cadavre! — Descente de la justice. — Théâtre du crime. — Les témoins. — Arrestation du meurtrier. — Interrogatoire de l'accusé. — La confrontation, etc., etc., etc.* — Tant de mise en scène, de réclame pour relater une méchante affaire qui ne devrait pas exister. Là, comme partout, on ne cherche pas simplement à vous renseigner sur un fait; les journaux visent à l'effet pour en tirer profit. C'est dans cette manière de faire que je ne les approuve point. Dans le choix de leurs romans-feuilletons, pour la publication desquels ils font quelquefois bien de tapage, le bon goût, chez eux, ne se fait pas toujours bien sentir. On dirait qu'ils prennent plaisir à publier tout ce qu'il y a de moins délicat, ce qu'on appelle aujourd'hui le naturalisme.

Ces sortes de romans, sur lesquels se jette le public, de préférence aux livres philosophiques, ne parlent pas de dévoûment et d'autres sentiments qui honorent l'homme qui les professe, mais seulement de crime, comme si c'était une chose utile pour se conduire en société. C'est l'assassinat sous toutes les formes que l'on vous représente, comme si l'on voulait vous enseigner un procédé plutôt qu'un autre pour se débarrasser de son semblable.

Ce que je n'approuve point, c'est le charlatanisme. On vous annonce, en gros caractères, pour attirer les regards : *Le crime de tel endroit*. Dans ces romans du jour, point d'élévation de pensées ni de sentiments. En fait de style, quelques-uns de ces romanciers trouvent que c'est d'un bon effet de mêler l'argot des mauvais lieux au langage de la bonne compagnie. Si l'on reproduisait certains termes épicés, comme voulant marquer le genre d'une époque, rien à dire ; on écrit l'histoire.

Mais on cite cela comme si le mauvais langage, — le langage encanaillé, — devait remplacer la langue française. Tel est le genre de littérature de notre époque. Si réellement elle a une influence sur les esprits, il me semble qu'elle doit être funeste. Les mauvais livres le sont toujours pour quelques-uns.

Je fais bien la part de chaque chose, et je ne crois pas pousser rien à l'excès. Je sais bien aussi que si l'on veut représenter les scènes de la société, on ne peut pas toujours donner des tableaux bien riants ni sublimes. Il y en a de beaux cependant. Pourquoi montrer de préférence ceux qui ne le sont point ? On devrait tâcher de varier un peu, et ne pas toujours nous montrer les vices, les plaies, les ulcères d'une société. Il y a certaines choses qu'il ne faut montrer qu'avec réserve. Pour la jeunesse d'abord, c'est lui rendre service : lui laisser ignorer le plus longtemps possible les vices qui font le malheur de l'humanité, c'est lui mettre en réserve, bien souvent, des beaux jours pour l'âge mûr, que les vices prématurés empêchent de connaître. L'homme connaît toujours assez tôt ce qui peut lui nuire. Il faut le soigner dès qu'il arrive.

L'enfant, c'est l'homme en herbe; il faut en prendre soin pour qu'il vienne bien physiquement et moralement. Il faut l'instruire contre les dangers qui peuvent l'assaillir, élever son esprit, si c'est possible, mais non le corrompre.

— Il faut voir aussi, dit Nicolas, si le goût du public n'est pas de préférer les choses à sensation, et surtout un tantinet grivoises. Cela fait rire et tue le temps.

— Sans doute. Cela est vrai, approuva Bertrand. Il y a tant d'ennuis dans la vie, de chagrins de toutes sortes, que chacun, selon ses goûts, veut les dissiper à sa guise, ce qui est son droit.

Dans les livres, comme dans les personnes que l'on veut fréquenter, chacun fait son choix. Celui qui veut rire prend des livres gais. La gaîté est bonne à l'esprit et au corps. Heureux celui que le rire accompagne dans la vie !

Je ne suis pas éloigné de croire que ce qui a fait un peu et beaucoup le succès du roman de *Gargantua, suivi des faits héroïques du bon Pantagruel, roi des Dipsodes*, est dû en partie aux propos un peu décolletés qu'il renferme. Et, bien qu'il soit de l'érudit F. Rabelais, il y a certains passages que l'on n'ose pas, que l'on ne peut pas lire en famille, par respect pour sa mère, par respect pour ceux qui vous écoutent. La crudité, l'obscénité même de certains termes que l'on rencontre en sont l'obstacle et vous gênent pour les autres, si on les lit à haute voix. Il faut lire cela pour soi, entre camarades. Un livre de ce genre ne peut que vicier l'esprit de la jeunesse; les livres comme les *Aventures de Télémaque* les purifient.

Un homme d'esprit, d'érudition et savant comme l'était Rabelais, aurait dû, ce me semble, laisser de côté les expressions qui peuvent blesser la bienséance. L'ouvrage, ne renfermant rien de grossier, n'aurait rien perdu de son mérite. Les choses malpropres ne font pas toujours rire; elles l'arrêtent quelquefois.

Il a voulu, je crois, faire une critique contre le règne de François Iᵉʳ, qui est *Gargantua*, comme il le dit à la fin de l'ouvrage, de François Iᵉʳ, le *père des lettres*, et sous le règne duquel certains hommes de lettres furent brûlés, comme le fut Louis Berquin et d'autres encore. S'il a voulu critiquer le roi de l'époque et les romans de chevalerie, il pouvait le faire sans abuser de termes grossiers, qui n'ont rien de bien utile dans un livre philosophique.

Ce que je dis ici, en passant, ne peut en rien altérer le mérite du livre, qui est d'une érudition exceptionnelle en son genre. On ne veut pas faire le pareil, mais cela ne sera d'aucun préjudice. Comme je viens de te le dire, s'il n'y avait eu que l'esprit philosophique et non les propos retroussés que tu sais comme moi, l'ouvrage serait peut-être resté pour le compte de l'éditeur, comme fut le sort de son édition des *Aphorismes et traités d'Hippocrate et de Galien.*

Rabelais le dit lui-même : *On vendit plus de Gargantua en deux mois qu'il ne sera acheté de bibles en neuf ans.*

Ce livre avait pour le public un attrait que l'autre ne possédait point ; il plaisait. Plaire, c'est l'important du succès. Et, comme tu dis, le lecteur pouvait se dissiper, puisqu'il ne veut que cela quelquefois et tuer le temps agréablement.

Aujourd'hui, comme autrefois, on cherche les livres pour s'instruire et se distraire. Mais un certain nombre de romans qu'on offre au public sont d'un intérêt bien médiocre. Si le public apprend la naissance de quelques-uns, c'est par les trompettes de la réclame, qui toujours vous annoncent des merveilles. Pour éveiller sa curiosité, qu'on suppose ne l'être pas assez, c'est toujours aux titres sombres, lugubres, qu'on s'arrête, et dont on vous distribue le plus d'exemplaires possible, comme l'*Inceste,* — le *Crime de l'Omnibus,* — les *Coulisses du crime,* — la *Nuit du crime,* — la *Reine des voleurs,* — la *Fille maudite,* etc , etc. J'en passe.

Le roman de *Gargantua* est un livre que l'on conserve pour l'esprit et l'érudition qu'il renferme. Mais les œuvres que je te cite là sont éphémères, parce que rien de bien serieux ne les anime. Les titres dont elles sont revêtues attirent un instant le public ; mais quand il en a pris connaissance, et b'en qu'il achève de lire de tels ouvrages, il n'y revient plus. Ce n'est même pas toujours dans une bibliothèque qu'il songe à les placer, à moins de les conserver pour se faire une idée de ce que l'esprit humain peut produire en fait de littérature.

Dans une bibliothèque, selon le goût de son propriétaire, on peut tout mettre, mais autant que possible des livres utiles, que tout le monde peut lire avec profit, comme, par exemple : le *Voyage du jeune Anacharsis*, dont l'auteur, Jean-Jacques Barthélemy, après la publication de son œuvre, fut acclamé par l'Académie française. Hommage bien mérité et bien gagné.

Certains romans n'offrent pas beaucoup d'intérêt par eux-mêmes. Mais ce qui peut encore le diminuer, c'est la mauvaise habitude qu'ont certains journaux de les publier irrégulièrement. Autrefois, on ne donnait et on ne publiait un nouveau feuilleton que lorsque le premier, en cours de publication, était fini. Quelques rares journaux ont conservé cette bonne habitude, plus raisonnable en toutes façons. Aujourd'hui, pendant quelques jours, on supprime le premier roman pour en donner un autre. Le lecteur ne sait quelquefois plus où il en est. Cela doit être, avec un décousu pareil. Puis, au bout de quelques jours, on reprend le premier feuilleton interrompu, pour interrompre le second ; on suspend à nouveau le premier pour reprendre encore le deuxième. Ainsi de suite jusqu'à la fin. Mauvais système, qui vient de l'esprit de charlatanisme tout simplement.

Il faut toujours respecter les lecteurs et ne point les fatiguer par de mauvais procédés.

— Si l'on n'avait que cela à reprocher aux journaux, dit Nicolas, ce ne serait pas grave.

— Soit. Bagatelle, si tu veux. Mais ce qui ne l'est plus, c'est lorsque certains journaux, oublieux des principes de morale, poussent au mal de préférence au bien, en donnant la pensée d'être improbe plutôt que celle d'être probe et le devenir. Ils ne disent pas positivement de *voler*, mais, selon eux, ne pas payer certains créanciers, comme le propriétaire, par exemple, leur paraît tout naturel.

J'en trouve la preuve dans un article du journal de M. de Rochefort, l'*Intransigeant* du mercredi 8 février 1882. L'article en question, *Les loyers en retard*, est signé modestement Gramont. On le dit noble. Ses conseils ne le sont point, à mon avis. Il faut croire que ce monsieur n'éprouve qu'un médiocre plaisir à payer son terme de location, à en juger par les termes dont il parle d'un propriétaire.

Voici une partie de son article que je crois devoir te citer ici, afin que tu en apprécies mieux les hautes et nobles pensées :

« Quant aux créanciers, dit-il, il en est de toutes espèces.
« La classification en serait aussi ardue et longue qu'une classi-
« fication de botanique, — mais moins gracieuse : les créanciers
« ne sauraient, pour le charme, faire la pige avec les fleurs.
« Donc, je n'essayerai point de démontrer les divers genres de
« créanciers.

« Mais je mets en fait que, de tous, le plus *désagréable, le pire,*
« *c'est le propriétaire.* »

Il faut croire que celui qui écrit ces lignes ne l'est point... propriétaire. Il ne parlerait pas ainsi.

« Dans un récent article, nous parlions des loyers payés
« d'avance, et signalions, à ce sujet, un abus. Abus analogue
« se rencontre pour les loyers en retard.

« Nous avouons n'avoir jamais compris pourquoi les proprié-
« taires peuvent, loi en mains, traiter si vite avec rigueur les
« locataires en retard pour paiement du terme échu.

« Vous devez de l'argent à un fournisseur, à un tailleur, à un
« bottier, à n'importe qui : vous pouvez toujours le faire atten-
« dre, et il attend de lui-même.

« Que si vous ne pouvez pas le payer au jour promis, vous
« pouvez prendre avec lui des arrangements.

« Mais le propriétaire, ça n'est pas ça.

« Vous ne lui payez pas un terme : pan ! dès le lendemain,
« il commence à vous faire des *mistoufles* — et des frais. Je
« sais bien qu'il y a des propriétaires moins rigoureux, voire
« accommodants, qui patientent, qui n'exigent pas leur argent
« recta. Mais c'est l'exception, et de leur part, d'ailleurs, c'est
« une simple tolérance.

« Nous voudrions qu'il en fût autrement.

« Nous nous demandons même pourquoi le propriétaire est
« un créancier privilégié.

« Car enfin, de tous les commerces, le sien est le meilleur,
« celui qui rapporte le plus. On ne peut se passer de logement :
« par conséquent, pas ou peu de chômage dans le rapport d'un
« immeuble... En outre, vous devez à un marchand : celui-ci

6

« ne sait jamais si vous n'allez pas déménager sans laisser votre
« adresse...

« Mais le propriétaire ? Il n'a pas la même crainte puisqu'il
« vous a là, chez lui, sous la main, et que vous ne pouvez chan-
« ger de domicile sans qu'il en soit d'avance averti.

« Son privilége nous paraît donc une prérogative inexplicable
« et qui devrait être abolie. »

Que penses-tu de ces idées ? demanda Bertrand.

— Voici, dit Nicolas avec tranquillité.

Être payé, n'est pour moi ni un privilége, ni une prérogative.
C'est un droit, devant lequel l'honnête homme s'incline. Et si
l'on veut lui donner le nom de prérogative, il en faudrait une
semblable pour tous les créanciers, et que tous fussent, par elle,
protégés de la même façon. Devoir n'est pas un crime ; cela peut
arriver à tout le monde. On est heureux aujourd'hui, on peut ne
l'être plus demain, puisque tout est éphémère ici-bas. Mais celui
qui réclame ce qui lui est dû a toujours raison de le faire : s'en
fâcher est un tort ; il faut, au contraire, s'excuser d'avoir fait
attendre.

M. Gramont dit qu'il y a des créanciers de toutes espèces. Je
pourrais lui dire également, si je le voyais, qu'il y a deux espèces
de débiteurs : les débiteurs malheureux ou du malheur, et les
débiteurs de mauvaise foi, qui ne paient pas, non pas parce qu'ils
ne le peuvent point, mais parce qu'ils ne le veulent pas ; et les
débiteurs malheureux, qui ne paient pas parce qu'ils ne le peuvent pas. Entre vouloir et ne pas pouvoir, et pouvoir et ne pas
vouloir, il y a une différence bien marquée.

Celui qui ne paie pas parce qu'il est malheureux, qui a conscience du préjudice involontaire qu'il cause, et dont son infortune
le rend coupable malgré lui, est un homme à plaindre : sa dou-
loureuse position plaide en sa faveur quelquefois pour lui donner
du temps et lui venir en aide. Mais tous les débiteurs n'ont pas
l'esprit agité, tourmenté pour le préjudice qu'ils font éprouver,
attendu que beaucoup d'entr'eux le font volontairement. Pour
ces derniers, je voudrais que les lois fussent très-sévères. Et
quand on peut les faire payer, c'est un triomphe pour la justice
et la morale : quand il en est autrement, c'est un malheur pour

les créanciers au profit des fripons. Aussi, pour que les gens de mauvaise foi réussissent le moins possible dans les ruses qu'ils ourdissent pour ne point payer, il est donc très-utile de les avoir sous la main. Ce qui est à regretter, c'est de ne pouvoir tenir de la sorte tous les mauvais payeurs. Je ne trouve donc pas mauvais que les propriétaires, comme créanciers, se puissent faire payer de cette façon ; il faudrait que tous les créanciers le puissent faire avec la loi qui, bien souvent, protège les fripons de préférence aux honnêtes gens.

Dans une société bien organisée, ce qui doit préoccuper avant tout ceux qui l'administrent et la gouvernent, ce sont les victimes de l'injustice, et le devoir des magistrats est de veiller à ce qu'il n'y en ait pas.

Ici, je ne défends pas seulement les propriétaires de préférence à d'autres créanciers ! Ils ne m'intéressent pas plus que d'autres ! Je les défends tous, ou plutôt je défends le droit de tous les créanciers : c'est donc le droit qui me préoccupe, et non pas la condition des individus.

— M. Gramont ou de Gramont dit encore :

« Vous devez de l'argent à un fournisseur, à un tailleur, à « un bottier, à n'importe qui ; vous pouvez le faire attendre, et « il attend de lui-même.

« Que si vous ne pouvez pas le payer au jour promis, vous « pouvez prendre avec lui *des arrangements*.

« Mais le propriétaire, ça n'est pas ça. »

Le tailleur ou le bottier peut attendre, et il attend de lui-même. Mais tous deux sont bien forcés de le faire, puisqu'on ne leur donne rien.

Il y a les arrangements. C'est quelque chose, mais ce n'est pas tout. L'arrangement, en fait de créance, c'est en perspective la perte d'une partie de ce qui vous est dû. Et, parfois, c'est encore péniblement, avec peine, que le créancier obtient ce que les arrangements ont bien voulu lui accorder. Ce résultat obtenu, il faut encore s'estimer très-heureux d'avoir diminué une partie de son malheur.

On ne réfléchit pas non plus, — car si l'on défend les débiteurs, je ne vois pas pourquoi les créanciers ne profiteraient pas du même avantage! — on ne réfléchit pas que le tailleur, le bottier ou tout autre travailleur est père de famille; qu'il travaille pour vivre, et qu'en ne le payant pas, c'est la misère, les privations, non-seulement pour lui, mais pour sa famille, lesquelles privations sont toujours plus pénibles pour les siens que pour soi-même. Et serait-il célibataire, que ce n'est pas une raison pour lui faire attendre ce qui lui est dû.

Mais le propriétaire ayant son débiteur *sous la main, ce n'est pas ça.* M. Gramont, dans sa manière de parler, semble déplorer qu'on ne puisse le mettre à la misère, avec la même facilité qu'un tailleur ou un bottier. Ce n'est point raisonnable ni généreux. Les journaux, et surtout le plus grand nombre, ne prêchent pas une théorie de ce genre; mais quand ils s'en trouvent comme M. Gramont, pour prêcher de tel principe, ils sont nuisibles, même à ceux qu'ils défendent, attendu que les conseils qu'ils donnent sont mauvais, injustes.

Chacun vit de ce qu'il a su amasser, épargner. Il n'y a pas de raisonnement pour annihiler, pour mettre à néant l'épargne d'un particulier. Un propriétaire vit de sa propriété; un tailleur ou un bottier, à défaut d'immeuble, vit de son travail : tous deux, par conséquent, doivent être payés.

Et parce que le propriétaire jouit d'un privilège, soi-disant, pour rentrer plus facilement dans ses créances, M. Gramont voudrait qu'on le supprimât? Et pourquoi? Pour encourager l'escroquerie? Les lois sont cependant assez douces pour les gens de mauvaise foi. Comme tu viens de le dire, il faudrait qu'une telle prérogative fût favorable à tous les créanciers; que les bienfaits qu'elle semble porter en elle s'étendissent sur chacun d'eux pour qu'ils soient plus heureux et les fripons déçus dans leurs mauvaises intentions.

On ne juge bien une chose ou un mauvais procédé qu'autant qu'on se le voit appliquer à soi-même. Certaines personnes son ainsi. Ceux qui ne paient point leur terme, ou du moins ceux qui ne le veulent pas payer, voudraient qu'on les leur payât s'ils étaient propriétaires; également ceux qui ne paient ni tailleur, ni bottier, ou le plus tard possible, quand ils se décident à le faire, voudraient, j'en suis sûr, l'être toujours, et, de plus, exactement. Eh bien! raisonnablement, pourquoi feraient-ils aux autres ce qu'ils ne voudraient pas que les autres leurs fissent?

Une bonne action, ou ce qui est juste, n'a pas d'opinion et doit être pratiquée par tous.

La seule chose qu'on peut faire et conseiller à certains propriétaires, c'est de les engager à être moins avares, moins exigeants, de faire appel à leur générosité; de ne pas louer, au-dessus de son prix, un immeuble plus qu'il ne vaut; d'être moins égoïstes; de savoir se contenter d'un revenu raisonnable; qu'un peu de bonté pour les autres donne à l'âme plus de félicité que n'en donne pas toujours une grande fortune, encore moins si elle a été mal acquise. Leur faire comprendre, à eux, comme à tous les hommes, qu'il n'est pas besoin d'être millionnaire pour être heureux; qu'ici-bas, tous autant qu'ils sont, ils laissent plus de bien qu'il n'en peuvent emporter. Folle ambition! et qu'ils ont peu de sagesse! S'ils veulent, en quittant ce bas monde, emporter quelque chose, que ce soit l'estime et la bénédiction de leurs semblables. Faire appel à leur raison, à leur désintéressement; et qu'un peu de générosité de leur part, *sans préjudice pour eux*, cependant, rende le bien-être pour tous moins difficile. Que les hommes se prêtent un mutuel concours de générosité. S'ils sont réellement, comme ils le prétendent, supérieurs aux bêtes, c'est par des bienfaits réciproques, les uns envers les autres, qu'ils doivent le prouver et le montrer, et non pas se faire la guerre. C'est tout ce que l'on peut demander. Mais les conventions passées avec eux, et, avec tous, doivent être observées, non-seulement pour eux, mais pour l'honneur de soi.

Pourquoi en serait-il autrement? Puisque chaque citoyen veut la justice, le droit pour lui, où prendra-t-on cet autre droit, ou plutôt la violation du droit d'être injuste et improbe au préjudice des autres?

On ne s'impose pas assez, comme un religieux devoir, cette maxime, qui se présente encore à ma pensée: *Ne faites pas aux autres ce que vous ne voudriez pas qu'ils vous fissent.*

On n'a jamais rien dit de plus sensé; jamais plus belle maxime n'a été plus mal suivie.

L'homme écoute trop ses intérêts. Il doit les écouter, les défendre, mais pas au préjudice des autres. Cela n'étant pas observé, il en résulte que beaucoup d'entre eux deviennent malhonnêtes, improbes, falsificateurs.

En raison de cette propension, qui les pousse trop souvent à sacrifier les intérêts des autres pour les leurs, il est toujours bon de les empêcher de se jeter dans une voie aussi dangereuse, qui est pour eux tous une source de malheurs : il est donc nécessaire de les rappeler à la raison, à l'équité, au respect d'eux-mêmes, puisque des devoirs qu'ils se doivent les uns les autres dépend leur bonheur à tous.

Il me semble que c'est plus naturel de parler ainsi, d'éveiller des bons sentiments que de répandre des paroles de haine, en excitant le mépris d'une classe contre telle autre. C'est là, à mon avis, le tort de l'article de M. Gramont. Certes, tous les journaux ne prêtent pas leur concours pour la publication de telle diatribe ; mais quand par hasard elle se présente, c'est encore de trop. Si de prêcher le bien, cela ne fait rien, c'est toujours plus raisonnable que de les engager à mal faire. Écoute encore.

Dans l'*Intransigeant* du samedi 4 mars 1882, toujours le journal de M. Henri Rochefort, je trouve encore, à l'adresse des propriétaires, le quatrain suivant, plein de sentiments fraternels, cité au sujet d'un particulier qui refuse de payer son terme :

A LA CLOCHE DE BOIS.

> On les guillotinera,
> Messieurs les propriétaires,
> On les guillotinera
> Et le peuple applaudira.

L'auteur de l'article, qui invoque le quatrain ci-dessus, continue ainsi :

« En attendant que le soleil se lève sur ce *beau jour*, les pro-
« priétaires continuent à être d'une férocité effrayante.

« Croiriez-vous, par exemple, qu'il n'est plus permis de *démé-*
« *nager à la cloche de bois* sans que le vautour qui vous abrite,
« au prix de sommes exorbitantes, fasse intervenir la jus-
« tice ! etc., etc. »

Faut-il prendre pour une plaisanterie ce que je viens de citer ou le prendre au sérieux ? Si c'est sérieux, c'est grave : c'est l'infamie revêtue du cynisme.

— Des phrases de ce genre, dit Nicolas, ne sauraient avoir, selon moi, une bien grande portée.

— Je suis bien un peu de ton avis, reprit Bertrand. Mais écoute encore. Un chaud rayon de soleil suffit quelquefois pour faire éclore les miasmes, la vermine : pourquoi les mauvais conseils ne produiraient-ils pas les mêmes effets sur les méchantes natures, en éveillant chez elles les mauvais instincts qui n'attendent parfois qu'un moment favorable, un encouragement, — le rayon de soleil, si tu veux, — pour se produire et se manifester au préjudice des bons citoyens ?

Il faut respecter toutes les opinions ; mais tout ce qui se dit, qu'on peut dire, ne mérite pas toujours de l'être. La pensée ci-dessus est de ce nombre. Pendre son prochain, l'homme à qui l'on doit, n'est pas une pensée honnête. C'est la pensée d'un coquin, d'un scélérat. Des pensées de ce genre, mises en pratique, font les voleurs et les assassins, pour lesquels MM. les jurés sont d'une indulgence coupable. On doit songer, à mon avis, aux victimes de préférence à ceux qui les ont faites. Sous ce rapport, c'est le contraire qui se produit. L'assassin semble à lui seul absorber la sensibilité de tous. On parle bien du crime commis ; mais, cela fait, on oublie presque la victime pour ne plus songer qu'à l'auteur du méfait. On s'occupe de lui, on s'attendrit sur son sort, on le plaint. Dans des drames de ce genre, pour moi tout est à plaindre ; mais je plains surtout les victimes. Chacun son choix et sa manière de voir. Je ne sais pas pourquoi, mais de la part de certains journaux républicains, les assassins n'ont pas de meilleurs défenseurs. Quelques-uns d'entre eux ont toujours de bonnes raisons à donner pour les innocenter du mal qu'ils ont fait. C'est sans doute les déclamations attendrissantes, faites en leur faveur, qui font que les jurés sont parfois d'une indulgence presque coupable, comme je te le disais tout à l'heure.

Il ne faut pas de l'excès dans la répression, mais enfin il faut avoir assez de courage pour réprimer le mal. Dans une société, le bien pour tous est un devoir ; quiconque fait le mal doit être puni.

Si la République, comme on le prétend, est un principe de justice, si par son influence elle doit régénérer le monde, cela ne peut raisonnablement se faire que par le concours des hommes justes. S'il en est ainsi, ce que je crois, les républicains n'ont donc pas à s'occuper de ceux qui ne le sont point, des malfaiteurs, ou s'ils s'en occupent, ce d'... être uniquement pour les mettre dans l'impossibilité de nuire à la société, et surtout de troubler son harmonie par leur funeste présence.

Je ne suis pas plus méchant qu'un autre. Mais ne voulant le mal nulle part, je suis d'avis de punir tous ceux qui le font, limitant la peine à la gravité du délit, comme de juste.

J'ai vu, jusqu'à présent, que la diminution des pénalités n'a rien fait de bien efficace pour l'honnêteté des citoyens. On a supprimé des châtiments : as-tu vu la probité grandir pour cela ? Non. Il faut être bon, mais pas trop, et surtout que la bonté ne soit pas au préjudice des bonnes natures. Les circonstances atténuantes, que l'on ne devrait invoquer qu'avec réserve, on en fait un abus. On les invoque pour une chose légère comme pour une chose très-grave. Mais c'est toujours en faveur du coupable, au préjudice de la victime. L'abus qu'on fait des circonstances atténuantes est si grand qu'on les invoque également pour les parricides. Le crime de ces derniers est trop grand, trop odieux pour leur en accorder les avantages, à moins qu'ils soient aliénés : où la raison n'existe pas, la responsabilité disparaît, et le châtiment ne peut être appliqué. Mais être fou n'est pas le cas de tous les parricides. J'ai lu dans l'admirable ouvrage de l'abbé J.-Jacques Barthélemy, son *Voyage du jeune Anacharsis en Grèce*, que tous les délits y étaient punis.

« Lorsqu'un Athénien, dit-il, attente à ses jours, il est coupa-
« ble envers l'État, qu'il prive d'un citoyen. On enterre sépa-
« rément sa main, et cette circonstance est une flétrissure. *Mais*
« *s'il attente à la vie de son père*, quel sera le châtiment prescrit
« par les lois ? Elles gardent le silence sur ce forfait. Pour en
« inspirer plus d'horreur, Solon a supposé qu'il n'était pas dans
« l'ordre des choses possibles. »

Solon, ne supposant pas le parricide, honorait les enfants de les croire tous respectueux de la vie de leurs parents. Mais puisque cela n'est point, puisqu'il se trouve des êtres assez dénaturés pour commettre un pareil crime, il faut bien, pour les punir d'un tel forfait, un châtiment exemplaire.

Ils ont tué, pourquoi les épargnerait-on ? Ils ont été sans pitié, pourquoi en aurait-on pour eux ? Après une telle infamie, qui rend le fils odieux à lui-même, la peine de mort qui lui est appliquée est préférable à tout autre pénalité. Il ne peut plus rien réparer. Le crime lui-même est un écrasement pour lui. Quand on arrive à ce degré de monstruosité, il vaut mieux mourir de suite, puisque la faute commise vous écrase.

Autrefois le parricide n'avait pas d'excuse. On n'y songeait même pas. Aujourd'hui on est plus large. Les circonstances atténuantes sont admises par tous, et quelle que soit la gravité et le nature de la faute commise. On pourrait dire, dans certains cas, que les *circonstances atténuantes* sont, en quelque sorte, un blâme, un reproche fait à la victime. On ne le fait point dans cette intention, cela est vrai, mais la légèreté avec laquelle les jurés les admettent parfois sans raison, le ferait supposer. C'est un tort de leur part. Je ne dis pas que les circonstances atténuantes ne doivent pas être invoquées pour certaines fautes ; mais ce droit à l'atténuation ne doit pas être outrepassé au préjudice des victimes.

Autant qu'il est possible, il faut toujours bien définir les choses.

Qu'est-ce qui peut sérieusement diminuer la faute ou le crime d'un accusé ? Les torts de la victime, si elle en a. Si elle a été agressive, si elle a provoqué l'acte dont elle a été victime, c'est sa faute, laquelle faute devient réellement une excuse pour le coupable, qui n'eût rien fait s'il n'y avait été provoqué. L'agresseur a toujours tort, et c'est toujours ses torts qui le condamnent, même vaincu.

Mais tous les assassins ne sont pas provoqués. C'est le contraire. Ils méditent, préméditent leurs crimes, et leur seul repentir, quand ils en ont... est celui d'être arrêté. Pas de torts chez les victimes. Dans de telles conditions, où prend-on les circonstances atténuantes ? En pareil cas, je n'en vois point. C'est ce que je tenais à démontrer pour le respect des lois et leur application quand elles existent.

Comme je te le disais tout à l'heure, certains journaux républicains défendent un peu trop les criminels. La moindre condamnation un peu sévère, qui frappe l'un de ces misérables, les affecte et semble les indigner. Et quand ils adressent un blâme, ce n'est pas à l'accusé, mais le plus souvent aux magistrats, qu'ils trouvent toujours trop sévères, attendu qu'ils se croient plus sensibles que tous les autres mortels.

Ils eussent été en contradiction avec Solon. D'après les lois de ce philosophe, l'ivresse était sévèrement punie.

« De là, dit l'abbé Barthélemy (1), cette loi terrible qui condamne à mort l'Archonte qui, après avoir perdu sa raison dans « les plaisirs de la table, se paraître en public avec les marques « de sa dignité. »

Cette loi de Solon, tout sage qu'elle était, est tout simplement insensée. C'était aller trop loin. Un blâme sévère et la révocation du magistrat, en pareil cas, était bien suffisante pour inspirer à tous non-seulement le respect qu'ils se devaient à eux-mêmes, mais celui qu'ils devaient à leur titre de magistrat. Je sais bien que lorsque l'on veut représenter ses concitoyens, il faut le faire dignement ou s'en abstenir. Quand on représente les autres, on ne s'appartient plus ; pour être libre sous ce rapport, il ne faut représenter que soi. C'est une réflexion à faire pour celui qui brigue les suffrages de ses concitoyens, mais ce n'est pas une raison de le tuer parce qu'à table il aura oublié un peu de sa dignité.

Néanmoins, ce qui du temps de Solon était considéré comme un crime, comme une faute grave, serait de notre époque une atténuation, ce qui est, au lieu d'être une aggravation. C'est ce qui se voit. Un homme en état d'ivresse, qui en tue un autre, verra sa responsabilité diminuée par le fait même de cette ivresse, condamnée chez l'Archonte, qui se montrait ainsi en public. Ce qui était une aggravation dans l'antiquité devient, de nos jours, une excuse pour la faute commise.

En procédant ainsi, il y a peut-être un danger. Celui qui veut faire mal, soit par esprit de vengeance ou toute autre raison, sa-

---

(1) *Voyage du jeune Anacharsis.* Introduction, page 122.

chant que l'ivresse est une excuse, qu'on l'invoque comme telle, peut dire, après l'action accomplie, et pour en diminuer et l'énormité et les conséquences fâcheuses pour lui, peut dire : *J'étais ivre ! ou j'étais en état d'ivresse !* tout en ayant été de sangfroid pendant l'accomplissement de sa mauvaise action.

Il bénéficie ainsi des circonstances atténuantes, parce qu'on écarte la préméditation, et l'on suppose également, sans en être bien sûr, *qu'il a donné la mort avec ou sans intention de la donner.* En écartant toujours ce qui peut nuire à un accusé, on arrive à le rendre presque innocent.

Je ne voudrais pas qu'on fît de l'ivresse un cas d'aggravation pour la faute commise ; mais elle ne doit pas non plus, dans la crainte d'un mauvais exemple, diminuer déraisonnablement la responsabilité qui incombe ou revient à l'auteur d'un crime. C'est une chose à observer sérieusement.

Je ne blâme point la clémence, mais je voudrais que les hommes, qui en sont les dispensateurs, n'en fissent point un abus : qu'elle soit accordée à des sujets offrant quelque intérêt, et surtout qu'elle ne soit pas donnée au préjudice des victimes, ce qui ressemble parfois à une ironie. Si sévère que soit un châtiment, il faut s'armer de courage pour l'appliquer. Les coupables rient quelquefois de l'indulgence qu'on a pour eux. Ce n'est pas le châtiment qu'il faut blâmer, à moins qu'il ne soit cruel, mais le crime qui le rend nécessaire. Le but d'un châtiment, c'est d'arrêter le crime, d'en prévenir le retour. Quand les délits de toutes sortes auront disparu, les pénalités de tous genres feront de même. Alors seulement les hommes seront au progrès. Le bien fait par tous sera le rayonnement de l'humanité.

.·.

Dans l'antiquité, en Grèce, on immortalisait les mauvaises actions pour en produire de bonnes ; on immortalisait les bonnes pour en introduire de meilleures. C'est encore dans le *Voyage du jeune Anacharsis*, tome II, page 245, que j'ai lu cette bonne méthode.

De notre époque, bien que les passions soient les mêmes chez les hommes, on ne procède pas aussi sagement. Si on ne veut pas parler de ce qui est bien, on devrait au moins se taire pour ce qui est mal, et ne pas conseiller l'improbité à ceux qui peuvent devoir, comme le fait l'*Intransigeant*, dans son article : *A la Cloche de Bois.*

A certaines gens il n'est pas besoin de leur dire de ne pas payer. Selon leur intérêt, ils savent bien, s'ils le peuvent, en prendre l'initiative, quand le besoin s'en fait sentir. Si tous avaient le sentiment de la dignité, tous seraient probes, partant, tous heureux. Il y en a qui pensent autrement, tout en ayant beaucoup d'intelligence. Il parait que l'intelligence ne fait rien pour l'honnêteté et qu'elle ne l'inspire pas toujours chez certaines natures.

.˙.

Une chose m'étonne, continua de dire Bertrand. Les drôles qui ne veulent pas payer leurs dettes, parce qu'ils sont de mauvaise foi, sont les premiers à dire que les créanciers, qu'ils ne paient pas, sont bien assez riches. Dans tous les cas, ils ne le sont point de la créance qu'ils ne veulent point leur payer.

Beaucoup de débiteurs, appartenant à toutes les classes de la société et à tous les partis, raisonnent ainsi pour leurs créanciers, que ces créanciers soient propriétaires, commerçants ou médecins, etc.

Le sentiment du juste ne conduit pas toujours les hommes ; mais cela ne diminue en rien leur orgueil de supériorité sur les autres bêtes.

Ainsi, pour ce qui regarde les médecins, certaines gens, n'ayant d'autres soucis que leur intérêt, trouvent qu'ils manquent de charité, ou plutôt de sentiment républicain, quand ils réclament seulement une partie de leurs honoraires. Si le médecin n'a pas de fortune, il faut bien qu'il vive !

On n'a pas l'air d'y songer.

Un homme malade a été soigné, on le soigne, c'est bien ; cela doit suffire à celui qui prend cette peine... ou cette gloire, comme on voudra.

À tous les citoyens malades, malheureux, on doit des soins, des secours. On se doit tous quelque chose. Mais ce qui peut indisposer parfois un médecin, c'est le sans-gêne avec lequel on dispose de lui, et avec lequel également on accepte le service rendu, avec la pensée qu'il n'a fait que ce que lui commandait le devoir de sa profession.

On leur devait des soins, c'est bien de les leur donner. Mais cela fait, après les avoir reçus, eux, ne doivent-ils rien ? Il faut que ce soit leur croyance, puisqu'en parlant du médecin, qu'ils ne veulent pas payer, ils disent : *Il est bien assez riche ! Il gagne bien assez !* Ils ne comptent ni la peine, ni le temps qu'on a donné pour les servir. Si l'on ne paie point, qu'on ait au moins conscience des services rendus. Car rien n'est précieux comme la présence d'un médecin quand on est malade. Sa présence fortifie et vous rassure. Et quand il est assez heureux pour vous sauver ou vous soulager, on doit être assez bon pour s'en souvenir et au moins le remercier, si l'on ne peut rien faire de plus.

Je ne dis pas cela pour tuer la charité, mais pour inspirer des sentiments d'équité, qui, mieux observés par tous, engageraient les hommes à s'estimer les uns et les autres.

D'autres ne sont pas d'humeur non plus à payer leurs propriétaires. *Ils sont bien assez riches !* disent-ils. Propriétaires eux-mêmes, ils blâmeraient ce qu'ils font, comprenant mieux l'amertume du préjudice que l'on reçoit que celui que l'on fait aux autres. Ils le comprennent bien, mais leur intérêt l'emporte sur l'honneur qu'ils se doivent à eux-mêmes. Quant aux commerçants, ils ont les mêmes infortunes à subir, qui leur viennent un peu de tous les côtés et de toutes les classes de la société.

Une dette est une dette. L'homme juste, sans se préoccuper de la condition du créancier, qui n'a rien à voir en pareil cas, les acquitte toutes sans rien dire, parce que c'est un devoir de le faire, et l'équité veut qu'il en soit ainsi. Il voudrait bien que l'on s'acquittât envers lui, pourquoi ne le ferait-il pas lui même envers les autres ?

Il en est des créances comme des salaires : celui qui travaille est libre de ne rien vouloir, de tout refuser; c'est son droit d'être généreux. Mais quand il réclame, qu'il est justement gagné, on doit le lui donner. Au travailleur comme au commerçant, et, à tous, ce qui leur est dû : de ce principe de justice, rigoureusement observé par tous en toutes choses, naît le respect des uns pour les autres, et réciproquement.

. .

Les hommes ont leurs idées, les ânes ont aussi les leurs. J'ai naturellement les miennes, que tous n'approuveront pas ; mais je continue à les exposer. Tu jugeras. Tu approuveras le bon et le mauvais qu'elles peuvent avoir.

Il y a une chose, qui, selon moi, devrait disparaître et qui ne devrait pas exister, pour la tranquillité d'esprit de tous : c'est le crédit.

— Il a son bon côté, son utilité, objecta Nicolas.

— Je ne le nie point, pour ceux qui ne peuvent payer de suite. Mais pour le marchand qui livre sa marchandise, cela n'est pas de même. Je sais bien que je trouverai des contradicteurs. On en trouve toujours. Mais au point de vue de l'équité et des bonnes relations, je crois que tout le monde devrait payer *comptant* et ferait bien de le faire. Qu'il y a-t-il de si extraordinaire dans une telle pratique de payer de suite la marchandise qu'on emporte? Il faut voire, comme dit souvent Panurge. Je dis de payer comptant... quand l'infortune, bien entendu, ce qui peut arriver à tout le monde, n'y met pas obstacle. Si la fortune est accessible à tous, l'infortune l'est également. On est riche aujourd'hui, pauvre demain. Dans la vie, il y a parfois de ces transformations extraordinaires. Il faut donc, quand on est riche, payer de suite, afin d'être exempt ou pauvre de dettes quand l'infortune nous frappe. Quand on ne doit rien, on a réellement quelque chose. De là, sans doute, ce proverbe sage : *Qui paie ses dettes s'enrichit.*

Je ne suis pas plus exigeant qu'un autre. Quand je dis de payer comptant, je parle des heureux et non des malheureux ; des êtres fortunés et non des infortunés que la mauvaise chance écrase toujours sans motif et les met dans l'impossibilité de tenir leurs engagements. Si l'on veut payer, si on le peut, pourquoi ne pas le faire de suite, pourquoi faire attendre ce que l'on doit, si on le veut donner? Crois-moi, c'est une habitude à prendre. Celui qui a le bon esprit de la prendre fuit le crédit et s'en trouve bien. Payer comptant, c'est mettre son esprit en repos, — je parle de celui qui veut payer! — mais c'est encore un principe de justice. Et les hommes doivent les observer tous s'ils veulent vivre en paix, en bonne harmonie. Je voudrais voir tous les républicains adopter ce principe, ce système de la suppression du crédit, parce que je le trouve juste, démocratique.

Qu'une raison soit bonne ou mauvaise, elle n'a jamais l'assentiment de tous. On me dira que je suis difficile, que je cherche *la petite bête*, que je m'arrête aux détails. *Faut voire.* C'est par les détails que l'on connaît quelquefois la vraie physionomie ou le caractère de l'humanité. Ma manière de voir n'a rien de mauvais, à mon avis. Ce qu'il faut observer avant toutes choses, c'est de ne léser aucun de ses semblables dans leurs intérêts. Le crédit peut le faire, si l'on en fait un abus.

En principe, le crédit est un préjudice fait et imposé au marchand. On peut le refuser, dira-t-on. C'est possible, mais l'usage faisant loi, à tort bien souvent, vous force d'accepter une chose qui déplaît, vous gêne. On n'ose pas toujours lutter contre une

coutume. On se soumet à l'exigence du public et rien de plus.
Être soumis au crédit, c'est être exposé à toutes espèces de con-
trariétés, plus ou moins désagréables les unes que les autres.

Le public lui-même, qui connaît bien ses intérêts, qui les défend avec raison, comme c'est son droit, voudrait-il que le marchand lui empruntât son argent avant de recevoir la marchandise ? C'est lui que je prends ici pour juge. Quel refus bien senti
il exprimerait à une telle proposition ! Il ne le voudrait point.
Il trouverait ce procédé dangereux, injuste. Qu'y a-t-il donc de
plus juste à prendre la marchandise sans la payer ? Pourquoi le
commerçant ferait-il ce que lui, public, ne veut pas faire ? Pourquoi avancerait-il sa marchandise, dont le paiement, chez quelques-uns, n'est pas toujours bien assuré ?

N'y a-t-il pas là un oubli de l'équité ?

D'autres vont très-bien vêtus au préjudice des fournisseurs.
Si le crédit n'existait pas, cela n'arriverait point. Comment peut-
on porter gaillardement un vêtement qu'on ne veut pas payer ?
C'est déjà bien assez ne ne pouvoir le faire de suite. Un homme
de cœur, placé dans une telle extrémité, doit être bien malheureux. Si j'étais homme, je prierais Dieu de ne la jamais connaître.

Tout homme qui travaille, c'est parce qu'il y est forcé, qu'il
y est obligé ; de même pour le marchand. Pourquoi faire attendre
à l'un et à l'autre, ce dont ils ont besoin, ce qui peut leur être
nécessaire, s'ils n'ont pas d'avance ? Et seraient-ils fortunés, que
ce n'est pas une raison pour vivre aux dépens d'autrui.

J'ai été au service d'un maître qui souvent se plaignait du
crédit comme un préjudice. C'est pour cela que j'en parle. Pas
toujours fortuné, je l'ai vu assez souvent être obligé d'emprunter ou d'engager quelques-uns de ses effets pour faire face à ses
petites affaires, ce qui ne serait pas arrivé, si les marchandises
qu'il vendait lui eussent été payées comptant, comme lui-même
le faisait toujours avec exactitude. Et, te le dirai-je, c'est encore
par le fait du crédit, dans un jour de gêne, de détresse, qu'il fut
obligé de me vendre, pour satisfaire des créanciers. C'est ainsi
que je le quittai et le perdis. Et lui, en me voyant partir, je le vis
bien, avait le cœur tout ému. J'étais comme lui, et le regrette
toujours. C'était un homme juste et bon ; chez lui mes plus beaux

jours se sont écoulés. Il ne m'a jamais frappé, et jamais non plus
il ne m'a dit des injures, pensant qu'on pouvait parler aux bêtes
sans dire des gros mots, comme on nous en dit souvent. Il me
traitait en ami ; comme ami, également, je le servais de mon
mieux. Ah ! ce n'est pas lui qui oubliait de me soigner. J'étais
toujours pimpant, parce qu'il avait le soin de m'étriller, ce que
beaucoup de maîtres négligent de faire, ce qui nous oblige parfois, comme le dit très-bien Buffon, cet esprit fin du dix-huitième
siècle, à nous rouler, nous vautrer sur la terre, les jambes dis-
gracieusement en l'air, comme des aliénés. Enfin, il m'aimait,
c'est tout dire. Et comme Buffon, également, fit Bertrand en
dressant fièrement ses oreilles, il reconnaissait à notre espèce *un
grand fonds de bonnes qualités*, et, en raison de ces bonnes qualités, il pensait, avec justice, que nous méritions autre chose que
du ridicule et du mépris, mais un peu d'estime et de sympathie,
ce qu'auprès de lui j'ai toujours trouvé. J'ai déjà changé plusieurs fois de maître, mais je n'ai pas encore retrouvé le pareil.
Cela dit, comme un hommage rendu au souvenir d'un homme
de bien, je reviens à la question qui nous occupe, le crédit.

Si j'en demande l'abolition, comme un principe de justice, je
n'entends pas qu'on le refuse à un malheureux que la maladie
ou toute autre infortune met dans la gêne, la misère. Dans de
telles conditions, lui refuser ce secours, cette charité de quelques jours de crédit, serait vraiment malheureux, à moins d'être
soi-même dans la même détresse, ce qui peut bien arriver. Ce
que je blâme dans le crédit, ce n'est pas l'institution ou l'usage lui-
même, si les époques fixées pour le paiement sont bien respec-
tées. Ce que je blâme, c'est non-seulement l'abus et le sans-gêne
du public qui paie quand cela lui fait plaisir, mais l'esprit de
spéculation qui amène certaines gens pour l'imposer aux commerçants, en retardant le paiement de leurs notes le plus longtemps possible par des moyens détournés et artificieux.

Il y en a qui ont un esprit d'économie tout particulier. L'argent qu'ils doivent, qu'ils retardent de donner par spéculation,
ils le placent dans des maisons de banque, pour en retirer un
intérêt quelconque. Mais si petit qu'il soit, il ne leur appartient
pas ; c'est un préjudice fait au créancier, qui le toucherait lui-

7

même, si la somme qui le produit, qui lui est due, lui avait été
payée. Ceux qui procèdent ainsi ont sans doute la prétention de
se croire très-rangés et surtout très-économes, parce qu'ils utiliser
à leur profit, un bien qui ne leur appartient pas. Ils croient
encore être très-honnêtes. Point du tout. Ce sont de malhonnêtes gens, fruits véreux et tarés du crédit.

Payer comptant étant un principe équitable, chacun, autant
qu'il est possible, devrait le pratiquer, ce qui serait pour tous
une raison de plus d'être content des uns et des autres et de s'estimer tous, puisque, par ce moyen, nul ne serait exposé à porter
préjudice à d'autres. Cela devrait encore se faire, puisque les
hommes de tous les partis, à ce qu'ils disent tous, *ont soif de la
justice*, ils devraient donc tous adopter une mesure aussi sage,
qui ne serait, en définitive, que la justice mise en action. Dans
un parti comme dans l'autre, il y en a quelques-uns qui le font,
mais c'est un petit nombre. Je parle pour ceux qui ne le font
pas, et le blâme est pour eux.

Quant aux débiteurs récalcitrants et de mauvaise foi, il n'y a
rien de bien sévère contre eux. La contrainte par corps a bien
été abolie, mais la probité n'a pas grandi pour cela. Dans l'antiquité, on était plus sévère. Les Hébreux, dit l'histoire, vendaient
un débiteur insolvable. Les Romains étaient cruels. Ils ne se con-
tentaient pas de charger de chaînes leurs débiteurs ; ils usaient
quelquefois, dit E.-J. Monchablon, dans son *Dictionnaire d'anti-
tiquité*, du droit qu'ils avaient de les mettre *en pièces et de partager leurs membres entre eux comme ils eussent partagé leurs
biens*, etc.

Il ne faut certes pas pousser les choses aussi loin. La seule
chose qu'on demande aux débiteurs, c'est d'être raisonnables,
de ne point abuser de la bonté des créanciers, afin de ne les point
placer dans des conditions malheureuses, ce qu'un trop long
retard dans les paiements peut quelquefois produire, mais qui
deviennent inévitables si on ne paie pas du tout. Autre avantage
de rien devoir. N'ayant pas de dettes on est sûr de ne pas mourir insolvable, ce qui est bien à considérer, non pour faire fortune,
mais pour l'honorabilité et ne laisser de soi qu'un bon souvenir.
N'es-tu pas de mon avis?

— Je t'approuve, répondit Nicolas. Ce que tu dis est juste,
très-juste. Si tu n'as pas l'assentiment des hommes, du moins de
tous, tu as le mien. Mais il ne suffit pas d'émettre une chose
raisonnable pour la faire accepter. S'il en était ainsi, il n'y aurait pas de partis, mais seulement des hommes de principes qui
chercheraient à s'entendre, qui uniraient leurs efforts pour le
bien-être général, en acceptant franchement une bonne pensée de
quelque côté qu'elle vienne. Cela n'est point. La sagesse manque
à tous quelquefois pour procéder ainsi. Les monarchistes repous-
sent souvent une bonne idée, parce qu'elle vient d'un républicain ; de leur côté, les républicains font de même envers les
monarchistes. Enfantillage pur et mauvais système. Si, dans une
ruche, les abeilles, au lieu de travailler, se faisaient constamment la guerre, prenant exemple sur la folle humanité, où pren-
drait-on le miel, fruit de leurs peines, de leurs communs
efforts et de l'heureuse harmonie qui existe entre elles pour
le succès de l'œuvre commune ? C'est un exemple à suivre, selon
moi.

. Ce qui est juste, raisonnable ne peut toujours s'établir que par
la sagesse du plus grand nombre. C'est peut-être une vérité de La-
palisse, mais c'est ainsi. Pour ce qui regarde le crédit, la plupart
peut-être le préfèrent au comptant, parce que ce mode de paiement est favorable à leurs intérêts. Ce qui est favorable à
l'homme est toujours bien accepté, bien que cela soit injuste quelquefois. Cette manière de voir et de faire se présente pour toutes
choses. Tout à l'heure nous parlions de la propriété et de la haine
qu'elle inspire à ceux qui n'en possèdent point, et qui prétendent
avoir le droit de prendre aux autres ce qui ne leur appartient
pas, basant leurs prétentions sur ce mauvais prétexte *que les
fruits sont à tous et que la terre n'est à personne !* Celui qui défend une cause qui l'intéresse trouve toujours une raison, qu'il
croit bonne, pour prouver qu'il n'a pas tort, voulant à toute
force avoir raison. Que les fruits soient à celui qui se donne
de la peine pour les faire venir, je le conçois, c'est dans l'ordre
des choses et de toute justice. Mais oser dire *qu'ils sont à tous ?...*
Non, point du tout. De telles prétentions ne peuvent être formulées que par des paresseux. Ceux qui les élèvent ne réfléchissent

point qu'ils altèrent leur dignité. S'ils étaient eux-mêmes possesseurs de quelques lopins de terre, leur raison ne serait point de même. Tous les hommes, ce qui est naturel, ont l'amour de la possession : cela vient avec lui, tous désirent et veulent posséder quelque chose. C'est bien, jusque-là. Mais pour posséder équitablement, il faut travailler. Parmi ce nombre qui veulent posséder, il s'en trouve de peu raisonnables, qui veulent devoir cette possession à la rapine et non au travail, seul moyen honnête pour y parvenir, et le seul qui justifie et honore la possession. Son vrai titre de noblesse, c'est le travail. Il faut travailler pour être libre, comme il faut travailler pour acquérir.

.·.

Après une petite pause, Nicolas reprit :

Examinons bien les choses. J.-J. Rousseau dans son livre l'*Inégalité parmi les hommes*, dit dans la seconde partie :

« Le premier qui, ayant enclos un terrain, s'avisa de dire :
« *Ceci est à moi*, et trouva des gens assez simples pour le croire,
« fut le vrai fondateur de la société civile. Que de crimes, de
« guerres, de meurtres, que de misères et d'horreurs n'eût point
« épargné au genre humain celui qui, arrachant les pieux et
« comblant les fossés, eût crié à ses semblables : Gardez-vous
« d'écouter *cet imposteur; vous êtes perdus si vous oubliez que
« les fruits sont à tous et que la terre n'est à personne!* »

Voici bien les paroles vraies de J.-J. Rousseau. Mais, à mon sens, je ne les trouve point justes. Parmi les hommes, elles ne peuvent que troubler l'harmonie et jeter le désordre. De telles idées sont inadmissibles; elles ne peuvent que servir d'argument aux spoliateurs et décourager l'homme laborieux. Il faut trop de raison, de justice chez les hommes pour les rendre pratiques. Il faudrait, ce qui n'est pas, qu'ils eussent la pensée de s'entre-aider les uns les autres et non pas celle de se nuire, ce qui existe chez un certain nombre, mais toujours assez grand pour jeter la panique chez les autres,

Oui, les fruits sont à tous, si on le veut bien, et la terre à personne, si on le veut encore. Le tout est de s'entendre. Celui qui, par exemple, arrive dans un désert, qui prend une certaine étendue de terrain, *qui n'est à personne* puisque nul ne l'occupe... qui le cultive, l'ensemence, le rend productif en un mot, en est bien le *seul propriétaire*. Il est réellement à lui. Cela est indiscutable, si nous admettons que le travail, dans certains cas, donne droit à la possession. De quel droit un autre prendrait-il son lieu et place? Par la force? Ce moyen n'a de mérite qu'autant qu'on l'utilise pour le triomphe du droit. Ce terrain qui n'était à personne, qui, oublié, délaissé, n'était rien par lui-même, un homme laborieux, par le fait de son courage et de son travail, en a fait quelque chose; il l'a rendu productif, il lui a donné une valeur que, toujours delaissé, il n'aurait jamais pu acquérir. Et ce qu'il a créé ne serait pas à lui! On le lui contesterait! Je te le répète, cela ne peut pas être sérieux et ne le serai jamais, à moins que l'iniquité triomphe du droit.

Ce qui le rend propriétaire, c'est son travail, la peine qu'il s'est donnée. La maxime : *A chacun ses œuvres*, trouve ici sa place. Il n'y a absolument que les paresseux qui puissent la contester.

Celui qui s'établit de la sorte, qui vit des fruits de ses peines, peut accueillir qui bon lui semble; il peut, si cela lui plaît, donner ce qu'il récolte. Je m'explique bien : *Il peut donner s'il veut... et rien s'il le veut encore.* Nul n'a le droit de le déposséder de son bien, de cette terre, qui, n'étant à personne, il a encore une fois rendue productive. Elle est à lui, bien à lui. Et quiconque voudrait la lui enlever, il a, lui, le droit de le repousser et au besoin d'employer la force, et même de l'assommer, s'il le faut, pour rester maître de ce qu'il doit à son travail. Pourquoi ne ferait-il pas ce que les envahisseurs veulent lui faire? Et celui qui veut posséder, pourquoi ne travaillerait-il pas comme lui?

Pourquoi la fantaisie de prendre serait-elle supérieure au travail ?

.·.

Les individus qui prétendent que tout est à eux, qui ne veulent rien faire pour acquérir, mais seulement prendre par la force ce que d'autres possèdent, sont tout simplement, à mon avis, des insensés, chez lesquels la paresse semble être plus forte que l'amour du travail et l'estime de soi-même, qu'il faut complètement ignorer pour émettre de telles pensées et songer encore à les mettre en pratique. Cela dit, en passant, à l'adresse des collectivistes ou partageux.

Cette phrase : *Les fruits sont à tous et la terre n'est à personne*, est modifiée par J.-J. Rousseau dans son *Contrat social*. A-t-il compris plus tard que cette pensée manquait de justice ? Les paroles qui suivent sembleraient l'indiquer.

Dans l'article : *Domaine réel*, il dit :

« Le droit de premier occupant, quoique *plus réel* que celui
« du *plus fort*, ne devient un vrai droit qu'après l'établissement
« de celui de la propriété. Tout homme a naturellement droit à
« tout ce qui lui est nécessaire ; mais l'acte positif qui le rend
« propriétaire de quelque bien l'exclut de tout le reste. Sa
« part étant faite, il doit s'y borner, et n'a plus aucun droit à la
« communauté. Voilà pourquoi le droit de premier occupant,
« si faible dans l'état de nature, *est respectable à tout homme civil.*
« On respecte moins dans ce droit ce qui est à autrui que ce qui
« n'est pas à soi. »

Le droit de premier occupant, dit-il, ne devient un vrai droit qu'après l'établissement de celui de propriété. Ce qui a fait forcément l'établissement de la propriété, c'est que le droit de premier occupant a été reconnu comme bien fondé et indiscutable. Le juste comme le vrai finissent toujours par s'imposer. Et, par la suite, on l'a bien compris ainsi, puisqu'on a fait une loi qui punit la spoliation autant qu'il est possible de le faire. Si l'on avait une loi dans ce but, c'est non-seulement parce que le droit de premier occupant a été reconnu, mais encore pour défendre ce droit et les intérêts qu'il représente.

Le droit civil et l'établissement de celui de la propriété sont nés de l'intérêt du plus grand nombre, ou de tous les hommes laborieux, qui, ayant acquis quelque chose, voulaient le conserver. Il fallait qu'il en fût ainsi. Il était nécessaire que les hommes sages fissent des lois pour les protéger. Quel serait le salut du travailleur intelligent, honnête ; que deviendraient les fruits de son travail, s'ils se trouvaient à la merci du premier paresseux venu, d'un voleur, qui, sous prétexte *que les fruits sont à tous, et que la terre n'est à personne*, viendrait, parce qu'il serait assez fort, le dépouiller, le déposséder de ce qu'il aurait acquis par son travail ?

Si une maxime aussi vicieuse était mise en pratique, ce serait tuer le courage, le sentiment de stimulation inné chez l'individu. L'homme laborieux serait complètement découragé. Pourquoi travaillerait-il plus qu'un autre, puisque les fruits de son activité, comme je viens de te le dire, seraient à la merci des plus forts, si, lui, se trouvait trop faible pour les défendre, et que nul ne vînt à son aide pour le protéger ?

Pour l'application d'une telle théorie, il faut la réciprocité chez tous, une entente parfaite, et chez tous encore une égale justice, ce qui ne sera jamais.

J.-J. Rousseau, en écrivant cette phrase que *les fruits sont à tous*, l'a fait sans doute sans mauvaise intention, supposant qu'elle s'adressait à des êtres non-seulement intelligents, mais surtout honnêtes, équitables. Mais il faut tenir compte de ceux qui ne le sont point, qui se servent d'une mauvaise pensée pour justifier leurs mauvais instincts et les mettre en pratique si rien ne leur fait obstacle.

Les livres sont pour tous et tous peuvent les lire : ils doivent donc, autant qu'il est possible, ne renfermer que de sages maximes ; éveiller, par leur lecture, les bonnes pensées et détruire celles qui ne le sont point. En un mot, le livre doit être, s'il est possible, l'essence même de la morale. Il faut bien compter avec les mauvaises natures, puisqu'elles existent. Ici-bas, tout s'exploite, mais le plus souvent ce qui est injuste de préférence à ce qui est juste. L'intérêt l'emporte quelquefois sur l'équité. Pour cette raison, il y a des pensées qu'on ne devrait donner qu'avec réserve, et quelquefois les garder pour soi. Celle-ci est un peu de ce nombre, en ce sens qu'elle peut jeter le trouble chez les esprits mal équilibrés.

L'honnête homme, l'ouvrier laborieux , fier de lui-même et du respect qu'il se doit, qui ne veut devoir son bien-être qu'à son travail, qui veut pouvoir dire : *Ceci est à moi parce que je l'ai gagné par mon travail*, ne l'accepte point, et il a raison. Elle n'élève point l'esprit de l'homme ; elle ne peut que le corrompre, abaisser celui qui l'accepte, et assez imprudent pour se laisser conduire par elle.

Si J.-J. Rouseau n'avait toujours écrit que des phrases de cette nature, sa renommée ne serait pas aussi grande. Je sais bien qu'il a, d'autre part, écrit des choses bien belles. Mais l'homme, bien souvent, prête une oreille distraite aux choses justes pour écouter celles qui ne le sont point, mais seulement parce que son intérêt s'y trouve de les écouter. C'est l'esprit de justice qu'il faut tenir constamment en éveil : en procédant ainsi, l'écrivain travaille pour le bonheur de tous, si ses réflexions sont justes. S'il avait réfléchi un peu, je crois qu'il n'eût pas écrit *que les fruits sont à tous*, ce qui diminue le vrai droit des premiers pour en donner à d'autres qui n'en ont point. Cette pensée, selon ma bien faible intelligence, ne me semble pas être d'un vrai philosophe, encore moins celle d'un sage. J.-J. Rousseau voulait le bonheur pour tous. Cela est bien le fait d'une âme sensible. Mais il faut vouloir toutes ces choses d'une façon équitable. Pour donner le bonheur à quelques-uns, on ne peut cependant pas pour cela prendre celui des autres, surtout quand ils l'ont honnêtement gagné.

Je crois que le bien-être, non pas au même degré, peut être accessible à tous, quand les droits de tous, bien établis, seront défendus et respectés par tous. Mais point de paroles légères, d'exagérations dans les formules. Il faut bien s'entendre. Quand des tribuns ou des écrivains parlent aux hommes, ils doivent prendre garde de ne point les égarer ; ce doit être pour leur inspirer la justice, la modération, et non pas les exciter parfois maladroitement les uns contre les autres par des paroles déraisonnables et des promesses irréalisables. La réserve ou la réflexion, pour l'orateur et l'écrivain, est un devoir ; quand l'un et l'autre s'écartent de cette prudence de langage que la sagesse commande, ils sont quelquefois, à leur insu, les premiers coupables des excès qui se peuvent commettre, s'ils sont, bien entendu, le résultat de leurs écrits ou de leurs discours.

— Tous ceux qui écrivent ou parlent, dit Bertrand, peuvent se tromper et dire des choses qui manquent d'exactitude, comme nous-mêmes, qui ne sommes pas des hommes, pouvons le faire sans nous en douter. On est pas infaillible. Et la non infaillibilité est l'excuse d'une erreur. Ce qui devient mauvais, c'est de la vouloir toujours maintenir quand elle vous est démontrée comme vicieuse. Cela dit, revenons à la question, ou à nos moutons, comme dirait Panurge.

En principe et au point de vue social et de l'harmonie qui doit, qui devrait exister entre les hommes, ce n'est ni le fort ni le faible qui doit intéresser le philosophe, mais le droit de l'un ou de l'autre, si celui de tous les deux est méconnu, violé.

La condition d'un homme n'est rien ; c'est l'injustice qu'on lui fait qu'il faut voir, qu'il faut punir ou arrêter, pour qu'il ne s'en produise pas de nouvelles. De tous les temps, ce qui a toujours manqué à l'homme, c'est l'esprit philosophique, cet esprit sage, réfléchi, qui recherche patiemment les causes d'un mal qui existe pour en détruire les effets, non au profit d'une classe ou de tel ou tel parti, mais au profit du droit, d'une vérité profitable à tous.

Malheureusement l'esprit n'est pas toujours tourné de ce côté. Les individus ou les classes de la société sont toutes rivales. Chacune d'entre elles se trouve plus intéressante que telle autre ; elles le seraient toutes, si, au lieu de se nuire, elles employaient leur intelligence à s'aider mutuellement. Rien de tout cela. Comme l'intérêt remplace quelquefois la raison chez quelques-unes, il ne faut donc pas nous étonner si quelques réclamations exagérées viennent à se produire d'un côté ou de l'autre. Elles n'ont pas, je crois, leur raison d'être, en ce sens que le peuple est heureux aujourd'hui ; je dis heureux relativement à ce qu'il était avant 1789. Il arrive ceci, chez les individus comme chez les peuples : quand on a trop de bien-être, on ne l'apprécie quelquefois plus. Si les citoyens qui se plaignent réfléchissaient un peu aux bienfaits dont ils jouissent, et que leurs pères n'ont jamais connus, ils ne diraient rien, se contenteraient du bien-être qu'ils ont, infiniment supérieur à celui d'autrefois, qui n'existait que pour les nobles et le clergé.

On dira de moi ce qu'on voudra. Mais on ne cherche pas à calmer ces exigences populaires, on les surexcite. Les hommes qui veulent conduire les masses, quelques-uns pour leur ambition et leur intérêt personnel, ne les instruisent pas toujours, mais jettent parfois chez elles plus d'exaltation que de lumière, ce qui fait croire parfois que le bon sens est banni d'un côté comme de l'autre. C'est un peu le tort de quelques orateurs populaires et de certains écrivains socialistes, qui depuis quelques années, les uns dans leurs discours, les autres dans leurs écrits, semblent moins rechercher le triomphe de la raison que, de préférence, la protection d'une classe qui, par ses suffrages, puisse les porter au suprême pouvoir.

La classe la plus nombreuse, c'est le peuple, le dispensateur des suffrages en République. Pour les obtenir on le loue, comme font tous les partis.

Au lieu de chercher à ramener l'harmonie, tout en défendant ses droits, on flatte ses goûts, ses instincts ; on éveille, non pas toujours le sentiment de l'équité, mais sa colère, sa mauvaise humeur par des phrases dans le genre de celle que tu viens de citer. Ce n'est donc pas étonnant qu'il laisse échapper parfois des réclamations irréfléchies, puisque ceux qui le conduisent les y poussent quelquefois. Les révolutions ne se font certainement pas en ne rien disant ; mais il faut dire des choses raisonnables pour ne point dépasser le but que l'on veut atteindre. On fait les révolutions pour détruire les injustes, mais non pas pour les remplacer par d'autres.

**

Comme nous le disions au commencement, on a souvent dit au peuple, comme on le lui dit encore, avec plus d'emphase que de raison peut-être, qu'il est le nombre, la force, qu'il est *tout*, les autres rien, naturellement ; qu'il peut tout, qu'il est la production, la richesse, que tout finalement doit s'incliner devant lui, que tout est à lui, etc.

Je ne suis pas l'ennemi du peuple, bien loin de là. Mais enfin il faut reconnaître, pour le respect de la vérité qui doit passer avant toutes choses, que ce n'est pas bien exact. Les hommes ont tous besoin des uns et des autres, en raison des services qu'ils se rendent ou qu'ils peuvent se rendre ; tout ne peut appartenir, sans injustice, plus aux uns qu'aux autres, mais seulement à chacun ce qui leur est dû.

Je ne dis pas que tous les travailleurs acceptent et prennent au sérieux tous ces discours qui semblent leur ouvrir les portes d'un nouveau paradis, mais un certain nombre d'autres, grisés par ces phrases un peu déraisonnables, les acceptent et croient, en effet, qu'ils sont au-dessus de *tous* et de *tout* ; qu'ils font tout... même ce qu'ils ne font pas, car chacun a ses attributions ; qu'ils produisent tout, que tout est à eux, même *les fruits qu'ils n'ont point fait venir*. Et, procédant toujours ainsi en exagérant leurs prétentions, que d'autres encore croient devoir exagérer, ils finissent par s'imaginer, l'esprit troublé de fausses théories, qu'ils n'ont plus rien à faire ; qu'ils peuvent, à l'aide de la République, selon leur goût et leur fantaisie, aller prendre leur subsistance où bon leur semble, l'esprit toujours pénétré que tout ce qui se fait et a été fait est uniquement le fruit de leurs *sueurs*. En fait de sueurs, chacun donne bien un peu des siennes pour le profit de tous, les uns d'une façon, les autres de l'autre.

Je ne nie point que le sort d'un certain nombre soit plus malheureux que celui de bien d'autres ; mais puisqu'il n'est pas possible d'établir l'égalité dans le bien-être, il faut tâcher premièrement d'améliorer la position des plus malheureux en les facilitant pour avoir non-seulement le nécessaire, mais un peu de confortable. Et ce résultat obtenu, s'en contenter. Cela me semble plus raisonnable que de dire au peuple : *Tout est à toi!*

Je suis le premier à reconnaître que les intérêts du peuple travailleur sont sacrés et ne peuvent être sacrifiés au profit d'une autre classe. Mais il faut bien reconnaître aussi, pour ne point troubler l'harmonie sociale, que les intérêts des autres classes ne peuvent non plus lui être sacrifiés sans commettre une injustice. Et parce qu'elle ne serait pas au préjudice du peuple, elle n'en serait pas moins grave pour cela. Le peuple, comme tous les citoyens en particulier, ne peut toujours vouloir que ce qui est à lui, et rien de plus. Il faut qu'il se pénètre de cette idée pour ne point quitter le domaine de la raison. Tout n'est pas à lui : un peu de réflexion, s'il veut réfléchir, lui démontrera l'inanité d'une telle prétention qu'il faut bien expliquer pour la rendre acceptable.

. .

Le peuple, sans rien sortir à sa grandeur, dit parfois des inconséquences, et dans le nombre de ceux qui sollicitent ses suffrages, pour le mieux servir sans doute, il s'en trouve toujours quelques-uns qui en disent pour lui et qui lui en font dire, et qu'il a, lui, le tort quelquefois d'écouter et d'accepter comme celles de certain avocat (1), qui, dans les réunions d'ouvriers,

(1) M. Laguerre, avocat. Discours de Saône-et-Loire, 11 août 1883.

leur dit « de faire triompher leurs justes revendications, qui
auront pour résultat de donner l'atelier à l'ouvrier et la mine
aux mineurs ». Pourquoi l'atelier, s'il appartient à un patron,
à un seul, serait-il à l'ouvrier, et la mine aux mineurs, si les uns
et les autres n'y ont aucun droit ? On ne réfléchit pas. Et quand
il s'agit de prendre, il y en a qui se soumettent bien volontiers aux
maximes et aux discours qui le conseillent.

Les mineurs eux-mêmes, qui trouvent bon qu'on la leur
donne; qui acceptent avec trop de légèreté de telles paroles, tous,
pris individuellement, s'ils étaient possesseurs d'une mine, ne
voudraient nullement entrer dans ces détails. Propriétaire d'une
mine, ils la voudraient pour eux seuls, comme pour eux seuls
encore tous les avantages et les bénéfices. Parce qu'on défend
hautement et largement ses intérêts, cela ne veut pas dire que
l'on est plus généreux que les autres. Pour moi, qui ne voudrais
voir l'indigence nulle part, je ne vois qu'un moyen bien simple
pour concilier les intérêts de tous et contenter un peu tout le
monde, ou à peu près. Ce moyen est possible et pratique si l'on
veut y mettre de la bonne volonté : c'est de faire participer les
travailleurs aux bénéfices que peut donner une mine ou tout
autre genre d'industrie, et, en dehors de leurs salaires, leur
accorder, dans une certaine mesure, soit un dixième ou un quinzième, selon les bénéfices réalisés dans l'entreprise ou l'exploitation.

De cette façon, ils n'auraient pas tout, parce qu'ils n'ont pas le
droit de tout avoir, mais seulement une part dans les bénéfices,
qui serait pour eux tous un moyen nouveau pour lui donner un
bien-être plus large, et, en même temps, une raison sérieuse
pour éteindre chez eux ces sentiments de haine, — pas toujours
bien justifiés, — mais qu'ils manifestent cependant contre tous
ceux qui les occupent. Les choses ainsi établies, intéressés au
succès de l'exploitation, les raisons de faire grève, — du moins
je le suppose, les croyant tous satisfaits, — ne pourraient plus se
produire. Leurs intérêts étant doublement compromis par la
cessation du travail, la perte du salaire et celle d'un dixième ou
quinzième, ils auraient deux raisons pour une de travailler, de
continuer à le faire, puisque la production, non interrompue,
serait pour eux une augmentation d'aisance et de bien-être.

Cela me semble plus équitable et raisonnable à la fois que de leur dire : *Vous devez tout avoir!*

C'est un manque de justice dans l'appréciation, qui donne un semblant de force à toutes ces phrases, comme à celle de J.-J Rousseau : *que les fruits sont à tous et que la terre n'est à personne.*

* *

Rousseau dit lui-même dans ses *Confessions* « J'ai dit le bien et le mal avec la même franchise. Je n'ai rien dit de mauvais, rien ajouté de bon. »

Si la franchise est une excuse, il doit être excusé pour cette pensée, qui semble être née de la franchise elle-même.

— La franchise, interrompit Nicolas, est en effet une noble chose, que j'admire toujours quand elle se présente, comme je respecte sincèrement ceux qui la pratiquent en toutes choses. Mais il faut reconnaître qu'une mauvaise action et une mauvaise pensée, l'une faite et l'autre dite avec toute la franchise désirable, ne détruit en rien, ce me semble, le mauvais effet ou le préjudice que l'une ou l'autre peuvent produire et dont il faut tenir compte dans une société, pour qu'elle ne soit point troublée, soit par les uns ou les autres, et surtout par le fait d'une mauvaise pensée dite à la légère, que les mauvaises natures ramassent, afin de les utiliser à leur profit pour le préjudice des autres. Autant qu'il est possible, il faut pousser les hommes au bien : le vrai progrès dans l'humanité, c'est le bien fait par tous.

— Sans doute, répondit Bertrand. Mais, mon cher Nicolas, tous les hommes se trompent. J.-J. Rousseau a pu faire de même dans cette phrase. Mais il semble l'avoir reconnu plus tard, puisqu'elle se trouve modifiée en quelque sorte dans son *Contrat social*. Il a été de bonne foi. Et si dans les pensées qu'il a écrites il s'en trouve qui ne sont point admissibles, ce n'est point l'ambition du pouvoir qui lui a inspiré quelques exagérations, comme on pourrait peut-être le reprocher à quelques autres.

Sans l'admirer sur tous les points, il ne faut pas oublier que l'ensemble de ses écrits a eu une influence heureuse sur son époque. Il est du nombre des héros qui ont fomenté et fait éclore la Révolution de 1789. Quand un homme possède à son avoir une part de cette bienfaisante transformation, bienfaisante pour tous, excepté les égoïstes, on peut lui pardonner quelques légèretés que la saine raison repoussera toujours, et n'accepter de lui, comme de bien d'autres, que ce qui est sage et pratique. Il faut toujours que la raison préside en toutes choses, ne point exalter les prétentions des uns au préjudice des autres. Quand le sentiment de l'équité semble déserter l'esprit de quelques-uns, il faut, par le raisonnement, le leur faire apercevoir et les ramener à la réalité des choses vraies et réalisables, si toutefois on veut bien vous écouter et qu'on ait le bonheur de l'être. La plupart des hommes sont ainsi faits : plus ils ont, plus ils veulent encore. Un désir satisfait semble donner la vie à un autre plus exigeant, plus impérieux que le précédent. Les plus exigeants parfois dans les travailleurs ne sont pas toujours les plus actifs. Il faut donc, par le raisonnement et la réflexion empêcher les excès de se produire d'un côté ou de l'autre et sauvegarder l'intérêt de tous et le droit de tous. C'est le point important que l'écrivain doit observer quand il écrit pour les autres.

. .

Pour ce qui me regarde, mon raisonnement est basé sur mes observations. Je ne prétends certes pas mieux raisonner qu'un autre ; je fais de mon mieux pour atteindre la vérité et être juste dans mon dire.

Si tu veux le remarquer comme moi, tu verras qu'il est difficile de mettre les hommes d'accord, parce que chacun a son projet particulier à établir, chacun a un programme devant sauver, remédier à toutes les vicissitudes de la vie.

Un certain nombre dans la masse, voulant trop de choses, semblent ne plus vouloir d'inquiétudes d'aucun genre et en être complètement débarrassés, parce qu'ils seront sous la République, et par les soins d'un gouvernement tout spécial, qui, sans cesse, devra prévenir tous leurs désirs.

La République donne et peut donner le bien-être ; mais, à tous, elle impose des devoirs, ce que nul ne doit oublier.

Les uns veulent des asiles pour les vieillards, des asiles de nuit pour les ouvriers sans travail et des maisons d'asile pour les enfants. De tous les côtés on veut des maisons de refuge, comme si la tempête devait continuellement souffler sur l'état social et bouleverser la société. Tout cela, c'est bien, je le reconnais : c'est le reflet d'une sage prévoyance qui ne peut moins faire que d'être profitable à tous, ou du moins aux infortunés sans famille qui sont privés de tout, qui n'auront pas de logis leur appartenant. Sous ce rapport, c'est donc d'un bon esprit de songer à ces derniers : si petit qu'en soit le nombre, c'est toujours bien de songer à les secourir. Seulement, selon la forme du gouvernement, on accepte volontiers une chose que l'on repousserait peut-être sous un autre. Sous la monarchie, parler de maisons de ce genre, on ne serait peut-être pas satisfait. On appellerait ces sortes de refuges des *Dépôts de mendicité*. Sous la République, cela s'appellerait des *Asiles de secours* pour les vieillards, les ouvriers et les enfants.

Au fond, cela est bien ; je ne puis m'empêcher de le dire d'admirer la prévoyance où elle se présente pour secourir les malheureux.

Mais, malgré cette sage sollicitude, je voudrais que la République, par le fait de son équité, rendît tout cela inutile ou tout au moins d'une rareté exceptionnelle et pour des cas excessivement rares, le bonheur de tous aidant à cela.

Comme toutes choses ici-bas, ces maisons ont un bon et un mauvais côté. Je les approuve dans un sens et pas dans l'autre.

En fait de maisons d'asile pour les enfants, je ne comprends que les écoles affectées à leur instruction, où il y a quelquefois plus de stimulation pour activer les progrès de l'étude. Les parents, ce qui est leur droit incontestable, élèvent leurs enfants comme ils l'entendent ; mais tout le reste est à leur charge, dont rien, et quel que soit le gouvernement, ne peut les décharger. S'il en était autrement, ce serait, à mon avis, annihiler, ou du moins diminuer dans une certaine mesure les liens de famille, chose qui serait peut-être funeste à la famille elle-même et à la bonne harmonie de la société. Quand on cesse de se voir, que les rapports deviennent de plus en plus rares, il en résulte, non pas un oubli proprement dit des uns et des autres, mais quelquefois une nuance d'indifférence entre les membres d'une même famille. Il en est donc de même pour les enfants.

Ce n'est pas les maisons de secours qui doivent recueillir les parents vieux ou infirmes, c'est aux enfants à le faire. Ils doivent, à leur tour, leur rendre les mêmes bienfaits, leur donner des soins en raison de ceux qu'ils ont reçus dans leur enfance, faire ce qu'il faut et s'estimer très-heureux de pouvoir leur payer cette dette de reconnaissance devant laquelle nul ne peut songer à se soustraire sans manquer à l'accomplissement du plus saint des devoirs. On ne les a pas abandonnés dans leur enfance, pourquoi abandonneraient-ils ceux qui les ont élevés ? A quoi servirait la famille, si ce n'est pour s'aider entre soi, quand chacun, bien entendu, a fait son devoir. Si, par le fait de la misère, de la gêne, les enfants ne peuvent rien faire, il n'y a rien à dire : il faut les plaindre et leur venir en aide ; de même pour les parents : toutes les infortunes sont sœurs.

Ainsi, tu le vois, je ne suis point ennemi des maisons de secours. Elles sont même nécessaires pour certaines maladies, pour des être malheureux, tels que les aliénés que l'on ne peut, sans danger, garder chez soi ; puis, enfin, quand la misère vraie place une famille dans l'impossibilité de donner des soins suffisants à l'un des siens. Dans ces conditions, il faut des maisons spéciales pour les recevoir. Seulement, je ne voudrais pas qu'elles

8

fussent inspirées et crées dans un but d'égoïsme, c'est-à-dire pour les enfants se débarrasser de leurs parents, les parents de leurs enfants.

L'État ou les municipalités peuvent créer ces sortes de maisons ; mais les soins que les membres d'une famille doivent avoir les uns pour les autres doivent tendre aussi à en diminuer le nombre, ce qui me semble possible. Si les enfants sont élevés par leurs parents, ces derniers, à leur tour, aidés et secourus par leurs enfants, à quoi ces lieux de refuge peuvent-ils servir quand le devoir, strictement observé par tous, peut les rendre inutiles ? Reste les cas exceptionnels, comme je te le disais tout à l'heure, mais non pas les généraliser, les populariser comme quelques-uns semblent le vouloir faire, afin, ce qu'ils n'osent peut-être point avouer, de n'avoir aucun souci pour ceux qui les ont élevés, comme d'autres, *esprits larges*, sans doute, qui ne veulent plus du mariage, et qui, étant pères de famille, ne veulent point non plus avoir la charge d'élever leurs progénitures ; mais que ce soit l'État, la patrie qui se charge de ce soin pour leur en sortir l'obligation et le devoir tout à la fois ; n'avoir plus aucun souci, mais seulement des jouissances.

On a des enfants, on les pose sur la voie publique : la Patrie les prend et s'en charge. Pourquoi serait-elle donc faire ?

Mauvais raisonnement et mauvais sentiment contre lesquels il faut se défendre. On se doit tous quelque chose, et c'est bien dans la famille que cela doit être religieusement observé.

* *

Le dévoûment ne peut exister dans la société qu'autant que les familles, chacune de leur côté, en donnent réciproquement le bon exemple. De l'honnêteté des fa: "'es dépend celle de la société, puisque cette dernière est formée et créée par la réunion des autres. Je ne sais pas si je puis hasarder la comparaison suivante. Ainsi, tu admets bien qu'un certain nombre de gouttes d'eau très-limpides, étant réunies ensemble, ne perdront rien de cette qualité ; de même, si elles sont troubles et quoique réunies, elles conservent le même défaut. Ainsi des familles pour la société. Pour que cette dernière ait du mérite, il faut que les familles qui composent la société en aient aussi.

Pour le travailleur et les maisons de secours que l'on veut créer à son intention, je tiendrais le même raisonnement.

L'intention est bonne, je ne le nie point, mais je voudrais, quoique excellente, qu'elle fût inutile. Sous un gouvernement républicain où tout doit être bien ordonné, où, comme cela doit être l'intérêt général doit l'emporter sur l'intérêt particulier ou des classes, pour le rendre supérieur à la monarchie ; où chacun comprend ses devoirs, c'est-à-dire que nul ne doit exploiter son semblable à son profit ; il me semble, si cela est bien observé, que chacun doit avoir un gîte vraiment à lui. S'il se trouve un infortuné dans une telle détresse, il faut le croire sans famille et réellement abandonné.

La République a donné plus de bien-être que la monarchie, et celui qu'elle a donné peut non-seulement se conserver, mais s'augmenter si les hommes qui la doivent servir et la représenter sont sages, économes et préoccupés de l'intérêt général. Mais, parce qu'on sera sous un régime républicain, il ne faut pas se faire des illusions et n'espérer que des joies et point de peines.

Ce serait trop demander. Quel que soit le régime sous lequel on vive, il faut travailler. La vie est pour tous une lutte où chacun ici-bas apporte son lot de douleurs et de joies, plus de douleurs que de joies, cela est certain. Il faut s'aider soi-même pour les diminuer autant qu'il est possible de le faire, et ne pas toujours tout espérer des autres pour cela, attendu que chacun de son côté a une tâche à remplir pour se tirer d'affaire.

S'il y en a de plus heureux que d'autres, cela tient quelquefois à des causes particulières et non pas toujours aux institutions gouvernementales. Pourquoi y en a-t-il qui naissent avec le bonheur et d'autres qui ne font que l'entrevoir ou ne le voient jamais, je ne saurais te le dire. Est-ce la destinée? Peut-être. Ne cherchons point et revenons à notre sujet.

Ce qui ne serait point une gloire pour la République, ce serait de voir des malheureux sans abri, implorant la charité et les secours des citoyens ou de la commune?

— Fais attention, dit Nicolas, que cette prévoyance de maisons de secours et d'asiles de nuit, réclamés par des philanthropes, sont pour les ouvriers sans travail qu'un chômage trop prolongé peut placer dans une aussi dure extrémité.

— Je le sais. C'est la raison donnée pour justifier leur création. Mais si quelques jours de chômage devaient malheureusement faire perdre à un travailleur le domicile qu'il occupait pendant qu'il travaillait, il faudrait croire que son salaire était insuffisant, peu rémunérateur pour lui permettre de faire quelques épargnes afin de supporter non-seulement ces quelques jours de repos forcé, mais encore de conserver son gîte dont il était possesseur avant les mauvais jours.

Si le chômage devait le plonger dans une telle adversité, il faudrait qu'en effet il fût bien long.

Dans ce cas, je le conçois, les maisons de charité, les secours de la commune et des citoyens assez charitables pour lui venir en aide, seraient pour lui ou pour eux d'une efficacité vraiment heureuse. Si petit que soit l'objet qui nous sauve, fût-ce un brin d'herbe, il devient précieux en raison du service qu'il a rendu. Mais tout cela ne ressemble en rien à la prospérité de chaque individu. Ces secours si beaux, si admirables qu'ils puissent être, peuvent, pour une raison ou une autre, ne pas venir ou venir, mais malgré leur spontanéité se trouver encore insuffisants, selon la grandeur de l'infortune à soulager. Et alors...? Ces secours, je veux l'admettre, seraient-ils suffisants, quel que soit le gouvernement sous lequel se produiraient des scènes de ce genre, cela ne prouverait point que tout marche à souhait. Il y aurait des plaintes de toutes parts. Sous la monarchie, c'était ainsi, la Révolution de 1789 est arrivée, et le bien-être a commencé pour tous. Le bien-être qui est résulté de cette grande transformation ne s'est point dissipé, il subsiste toujours, et tous en ressentent encore les bons effets. Avant de se plaindre du présent, il faut remarquer le chemin parcouru, penser aux misères, aux peines du passé et comparer. La comparaison est toute en faveur du présent, si imparfait qu'il puisse être encore.

.*
* *

Le travailleur se plaint aujourd'hui, que dirait-il donc, si par le fait d'une puissance divine, on le transportait un siècle en arrière de cette Révolution de 89, où le peuple n'avait rien ?

Aujourd'hui cela n'est point. Tous les travailleurs, il faut bien le redire, sont généralemement plus heureux. Et pour parer aux jours de chômage, aux mauvais jours qui peuvent venir, il faut que le travailleur, de son côté, — c'est un conseil que je donne ici, — ne prodigue rien ; qu'il songe un peu à l'épargne et ne donne pas tout au plaisir.

Aujourd'hui, je trouve qu'on s'amuse un peu trop. Tous veulent bien vivre et largement vivre. Il faut toujours, quelle que soit la condition, que la dépense soit subordonnée à ce que l'on possède ou au salaire. Dépenser l'argent dont on n'est point possesseur, n'est point raisonnable : cela mène à la misère, à l'improbité.

Un certain nombre de travailleurs devraient un peu bannir de leur genre de vie ces habitudes dépensières, ces fréquentations de buvettes, d'*assommoir*, où ils laissent non-seulement leur bourse, mais une partie de leur santé. Mauvaises habitudes qu'ils prennent les uns et les autres peut-être sans le vouloir, mais qui plus tard leur sont funestes. Et si, par le fait des excès de boisson, la maladie et les infirmités arrivent, il ne faut pas accuser le travail et se dire un de ses invalides. Les vrais invalides du travail ne se trouvent pas du côté de l'intempérance.

L'excès de travail, comme tous les excès, fait des victimes; mais les excès d'intempérance tuent encore plus vite que l'excès de travail. Cela ne veut pas dire qu'il ne faut point de repos et ne point s'amuser; mais le faire sagement, afin que, dans le plaisir que l'on a pu se donner, il n'y ait point de regret. Faire pour le mieux autant qu'il est possible.

Toujours travailler ne vaut rien; toujours s'amuser ne vaut rien non plus. On ne connaît bien le repos qu'après la fatigue ; l'on ne goûte vraiment un moment de plaisir qu'après le travail. Une vie bien ordonnée veut l'un et l'autre. Mais toujours du plaisir ne semble pas du plaisir. Quelquefois c'est aux plaisirs trop renouvelés que l'on doit l'oubli de faire des épargnes pour l'avenir. Je ne parle pas de ceux qui ne peuvent rien épargner, ne gagnant pas assez pour le faire, mais de ceux qui le peuvent et qui, ne le faisant pas, accusent ensuite tout le monde de leur malheureux sort, comme si tout le monde était le vrai coupable. Il faut voir.

.•.
•.

Revenons aux maisons de secours.

Je ne suis pas, crois-le bien, de ceux qui veulent l'égalité des fortunes : cela est impossible comme l'égalité des intelligences. Une telle pensée, si peu raisonnable, ne peut trouver de refuge que dans la tête d'un esprit mal équilibré.

Mais une chose plus sérieuse, qui me semble réalisable, avec la bonne volonté de tous bien entendu, c'est de faire que chacun ait non-seulement son nécessaire, mais quelque chose de superflu pour lui permettre de faire quelques épargnes, pour supporter non-seulement les jours de chômage, mais surtout pour ses vieux jours, quand, brisé par l'âge ou la maladie et ne pouvant que péniblement travailler, ou pas du tout, il puisse, avec le généreux salaire qu'il aura reçu, se donner, dans la mesure du possible, tout le confortable nécessaire que commande l'hygiène, sans lequel la vie n'est plus possible ou du moins n'est plus qu'une longue douleur. Qu'il puisse se donner ce dont il a besoin, mais sans le secours des autres. On peut créer des maisons de retraite, mais le bien-être donné à tous doit aider à les rendre inutiles. Or, pour arriver à la réalisation d'une chose aussi simple, — pour moi elle me semble ainsi, — il faudrait tout simplement, chez les hommes qui prétendent nous être supérieurs en fait de sentiments et autres qualités, un peu moins d'égoïsme et un peu plus de générosité les uns envers les autres. Songer que si l'on veut être heureux, il ne faut pas empêcher à d'autres de l'être aussi. Quand on occupe un travailleur, il faut examiner si le salaire qu'on lui donne est suffisant pour qu'il puisse vivre aisément et même un peu épargner. S'il est dans ces conditions et qu'il n'ait point la sagesse de les mettre à profit dans son intérêt, il perd le droit de se plaindre; il ne peut accuser que lui-même et non les autres.

— Je te comprends, dit Nicolas. Tu voudrais que les hommes fissent un déplacement ou un déménagement des mauvais sentiments pour en prendre de meilleurs ; qu'à la place de l'égoïsme qui les retient pour le bien et les pousse quelquefois à l'injustice, ils missent la générosité qui leur manque, que la plupart croient posséder quand ils ne l'ont pas. Belle chose, en effet. Mais pour cela il faudrait la main du Créateur pour faire une aussi heureuse transformation.

— Ce qu'il faudrait, c'est un peu de réflexion seulement.

Tiens, mon pauvre Nicolas. veux-tu que je te le dise ! Il faudrait
que les hommes songeassent un peu à la mort, je ne dis pas constamment, mais quelquefois, dans les moments graves, quand les
mauvais sentiments les poussent à se faire du mal les uns aux
autres, à se faire la guerre. Je te l'ai dit : Chaque fois que je
songe à cette monstruosité, je me dis toujours, dans mon for in-
térieur, qu'il ne faut pas être bête comme nous, comme les ânes,
mais insensé comme le sont les hommes. Se tuer, quand ils sont
tous condamnés à mourir, les uns d'une façon, les autres d'une
autre. Quand la mort, qui n'est oublieuse de rien ici-bas, les a
tous fauchés, moissonnés, à quoi a servi leurs luttes, leurs colères,
l'ambition de se dépouiller les uns les autres, comme le font aussi
les conquérants au préjudice des malheureux forcés de les suivre
pour une aussi triste besogne? Des gens qui veulent agrandir
leur territoire ! Quand il ne faut aux hommes, à chacun d'eux,
que six pieds de longueur de terre sur deux de large, pour les
ensevelir chacun à leur tour. Agrandissement de territoire ! Im-
béciles ! Agrandissez donc votre vie, et laissez celle des autres en
paix.

On ne réfléchit point. Où se trouve la gloire du vainqueur ? où
se trouve la honte du vaincu ? Où se trouve la honte d'être le plus
faible, d'être écrasé par le plus fort, si ce dernier n'a ni la raison ni
le bon droit pour lui? A quoi sert tout cela? Que sont-ils tous
quand ils sont morts? A l'inanité de toutes ces choses, on n'y songe
point sérieusement. Il y a même des poètes pour les chanter. Les
peuples, de leur côté, aiment tous un peu les conquêtes. Ils les
aiment tous... quand elles leur sont profitables, qu'elles flattent
leur orgueil, qu'ils peuvent faire des *annexions* comme ils disent,
et prendre ce qui leur fait plaisir. Mais quand ils sont vaincus,
qu'ils sont victimes des *annexions*... c'est alors que leurs cœurs
saignent. Ils n'ont plus assez d'injures pour le vainqueur, qui fait
ce qu'ils n'ont pu faire. Alors seulement, ils blâment les conquêtes. Il faut les blâmer et les condamner toujours, parce
qu'elles sont toujours injustes, qu'elles soient faites par les uns
ou les autres. Dans ces sortes de luttes, c'est Jean qui rit et Jean
qui pleure. Certains peuples ne comprennent pas qu'on vienne
chez eux les troubler; mais quand ils vont chez les autres en

chantant, avec la pensée de conquérir, on trouve cela tout naturel. Dans ces conditions, la conquête leur est agréable. Mais, comme je viens de te le dire, s'ils sont vaincus, tout change de face ; la défaite change leurs appréciations et leur manière de voir sans les rendre plus sages. Le vaincu ne regrette qu'une chose : c'est d'être victime d'un préjudice qu'il espérait causer. Ce n'est pas toujours la raison et la justice qui le font se plaindre ; c'est bien plutôt l'orgueil blessé et froissé. C'est alors qu'on demande *la revanche!* non pas pour faire mieux, mais pour faire exactement de même et tout le mal que l'on n'a pu faire la première fois, parce qu'on ne s'est pas trouvé assez fort pour le faire. C'est là tout le regret de la plupart des vaincus. Tous les peuples en sont là, malgré leur esprit de civilisation, qu'ils croient tous, chacun de leur côté, supérieur à tel autre ou à tous les autres, selon l'esprit d'orgueil qui les anime.

La guerre, on ne saurait trop le dire, n'a sa raison d'être qu'autant qu'elle est faite pour la défense d'un principe équitable ou qu'elle défend un droit, la violation d'un traité : autrement elle est injuste.

Beaucoup de gens sont encore animés de l'esprit de conquête. Mais quant aux peuples qui peuvent avoir encore cette folle ambition, quand ils auront tous chacun à leur tour éprouvé les fléaux dévastateurs que les conquêtes traînent après elles, peut-être bien qu'ils n'en voudront plus. Instruits par le malheur qui porte avec lui un enseignement philosophique tout particulier, ayant tous souffert du même préjugé, ils reviendront sans doute à des sentiments plus dignes, plus raisonnables, plus humains: ils comprendront peut-être qu'il vaut mieux s'aider les uns les autres que de se tuer et se faire la guerre.

Si un tel prodige vient à se produire un jour, on pourra dire, comme ce vieux proverbe, contenu dans une vieille chanson, dont me parlait parfois ma pauvre amie de mère : « Vous le voyez, à quelque chose malheur est bon. »

D'autres sont avides de richesses ; leur ambition, sur ce point, n'a pas de bornes. Plus ils ont, plus ils veulent avoir. S'ils songeaient un peu à la courte durée de leur existence, songeraient-ils à posséder des sommes folles ? Tiens, ils me font de la peine. Ils vont, ils agissent comme s'ils devaient toujours rester ici-bas. ils accumulent toujours et toujours. En rien ils ne savent finir où l'excès commence. On désire, dit-on, peu de chose ; quand on l'obtient, qu'on le possède, on veut davantage. La possession de l'objet désiré agrandit le rêve. On voulait une petite fortune, l'aisance seulement. On a cent mille francs, on en veut deux, trois ou quatre, etc. En grossissant toujours, on arrive aux millions sans avoir l'esprit satisfait, parce que l'on veut toujours plus encore. De telles ambitions ne finissent plus qu'avec la vie de celui qui les possède. Plus réfléchis, ils ne mettraient peut-être pas leur orgueil à posséder beaucoup, mais à se faire aimer davantage. Ce n'est pas une gloire que d'être riche, mais c'en est une d'être homme de bien.

S'ils étaient conduits par cette pensée, qui ne les empêcherait pas d'être heureux, tu verrais peut-être moins de grandes fortunes, mais un peu plus d'aisance de toute part.

.·.

Ainsi, par exemple, le manufacturier qui, par le fait d'une industrie quelconque, voit grandir à la fois son bien-être avec sa fortune, qui se chiffre par... Mettons cinq millions. Je prends ce chiffre comme un autre. Un homme à lui seul ne saurait réaliser une pareille fortune, à moins que ce soit au jeu, et pour cela, il faudrait une chance tout à fait exceptionnelle, qui ne se rencontre pas. Au jeu on perd une fortune toujours, mais on ne la gagne jamais. Mais quand on y arrive dans le commerce, qu'on est assez heureux pour réaliser d'aussi beaux bénéfices, c'est parce d'autres vous ont prêté leur concours, leurs forces. Pourquoi seraient-ils oubliés et n'auraient-ils pas une petite part de ce succès?

Je ne dis pas de se dépouiller, de tout donner, mais de songer un peu aux modestes auxiliaires qui vous ont fait plus rapidement arriver à la fortune. On répondra qu'on leur a donné ce dont il était convenu de leur donner. C'est vrai ; jusque-là rien à dire. Mais, en dehors de cela, un peu de largesse, de générosité, ne serait point nuisible. Cela se fait ou ne se fait point. Cela tient aux caractères des personnes, mais nul n'a le droit de l'imposer. C'est un avis, rien de plus.

Trop d'égoïsme parfois peut justifier la colère des travailleurs; c'est ce qu'il faut savoir éviter. Les travailleurs, de leur côté, s'ils étaient riches seraient de même; mais blâmant l'égoïsme chez tous, ils sont, comme les autres, condamnés également. Le bien-être ne peut pas être égal pour tous, mais il en faut pour tous. Et il il n'y aurait peut-être pas d'indigents si tous les hommes étaient plus raisonnables et moins exigeants pour les grosses fortunes.

Eh bien ! le manufacturier qui possède quatre à cinq millions, en quoi son bien-être serait-il amoindri, si cette fortune était diminuée d'un tiers, c'est-à-dire que s'il avait le bon esprit de faire profiter ce tiers, par le fait d'une augmentation de salaire faite graduellement à ses ouvriers, ne serait-il pas assez riche avec trois ou deux millions, — on peut l'être à moins encore, — et, ce me semble, ne serait-il pas doublement heureux? heureux d'une fortune honnêtement acquise, plus heureux encore des bienfaits qu'il aurait répandus autour de lui, des heureux qu'il aurait faits, lesquels sans doute, en reconnaissance du bonheur qu'ils lui devraient, le béniraient chaque jour. Être aimé, c'est bien quelque chose ?

— Sans doute, dit Nicolas, cela est d'un prix inestimable... pour celui qui veut l'être cependant et tient à faire des heureux. Mais celui qui n'y tient pas, qu'est-ce que cela peut lui faire, s'il met la fortune au-dessus de tout, de l'affection, de l'amitié des autres? L'homme de bien ne trouve pas toujours la reconnaissance chez ses obligés. Mais quand on fait le bien et toujours bien, on a, pour se consoler de l'ingratitude qui peut se produire, le contentement de soi-même. Être content de soi toujours, c'est là tout le bonheur de la vie. Ce bonheur-là est seul durable, et à l'abri des maraudeurs.

Un philosophe peut faire ce que tu dis; mais la philosophie n'est pas ce qui préoccupe la plupart des hommes. Et ton raisonnement, si philosophique qu'il soit, ne sera jamais mis en pratique par le plus grand nombre, à supposer qu'il s'en trouve quelques-uns pour le suivre, ce dont je doute.

— Dans ce que je dis, poursuivit Bertrand, comme dans ce que nous disons tous les deux, autant de paroles emportées par le vent. Il serait vraiment bien étrange que des voix si peu autorisées que les nôtres fussent, non pas entendues, mais écoutées. Je sais bien que je ne puis rien changer dans ce qui se fait et encore moins l'esprit des hommes, duquel dépend chaque chose, le bien et le mal. On a toujours blâmé leur égoïsme les uns envers les autres; la critique d'un âne comme moi ne saurait en rien modifier leur manière de faire. On imite, on copie quelquefois les grands dans le mal, mais bien rarement les petits dans le bien qu'ils peuvent dire ou faire. Je dis seulement ce qu'il faudrait que les hommes fissent pour qu'ils fussent plus heureux.

.·.

Ce qui me fait dire que les hommes ne comprennent point la vie, c'est que je les vois toujours, selon moi, prendre le chemin contraire qui mène au bonheur. La fortune, à vrai dire, ne donne pas toutes les joies, — il y en a qui ne s'achètent point, — mais on peut dire qu'elle aide largement au bonheur ; elle vous permet, si vous le voulez, de faire des heureux, de donner aux siens, à ceux qu'on aime, tout ce dont ils ont besoin, ce qui est une joie à ajouter à celle que vous avez vous-même d'être riche et heureux. Mais pour faire cela, il n'est pas besoin d'être quatre à cinq fois millionnaire. A quoi bon, en vérité, tant de richesses ? Quand on meurt, on n'emporte rien avec soi. On laisse tout.

Si les hommes veulent laisser quelque chose après eux, ne vaudrait-il pas mieux, pour marquer leur passage ici-bas, qu'ils laissassent le souvenir des bienfaits qu'ils ont rendus, qu'ils se sont réciproquement rendus les uns les autres, ce qui serait un enseignement, un exemple, disant à ceux qui restent : Imitez-nous, faites comme nous : soyez justes et bons entre vous ; mettez la raison et la justice à la place de l'esprit de parti : une telle conduite est la source du bonheur et quelquefois celle d'une longue vie.

∴

Je viens de te parler d'une longue vie. Écoute, — c'est encore une idée à moi, — je fais un si grand cas de la philosophie, que si elle pouvait pénétrer l'esprit de l'homme, il vivrait non-seulement plus heureux, mais plus longtemps. Je crois que l'homme est fait et créé pour devenir centenaire, et ce nombre d'années, qui semble prodigieux parce qu'il se rencontre rarement, devrait être, selon moi, la vie ordinaire ; la plupart devraient y parvenir, à moins d'accident.

Mais pour arriver à un résultat aussi heureux et parcourir une aussi longue carrière, il faut l'esprit philosophique, la sagesse en un mot, sans laquelle rien de bien n'est possible. Il faudrait que

les hommes voulussent vivre sagement, faire l'abandon de toutes
ces questions de rivalité, de haine, de parti qui ne mènent à rien,
qu'à les diviser ; ne songer qu'à vivre, comme nous l'avons dit,
mais mutuellement de bons procédés les uns envers les autres.
Ils ont tous un ennemi : la maladie. Faire appel à la science pour
combattre l'ennemi commun et prolonger encore la vie. Marcher
à la conquête de la santé vaut mieux pour tous que la conquête
d'une province, si belle qu'elle soit. Point d'injustices, point de
guerres. Point d'excès d'aucun genre. Étudier les lois de la nature, les écouter, ne jamais les transgresser dans son intérêt
personnel, ce qui est encore profitable aux autres. Se bien porter,
c'est être utile à tous. Songer que la vie est éphémère ; que se
disputer et se battre, c'est en diminuer la durée et le charme
tout à la fois. Que l'homme se souvienne de cette vérité : il n'a
qu'un droit, celui d'être bon.

. .

.

Mais on va bien songer à cela, à des choses aussi simples !
Comme on n'est pas tous du même avis, il y en a beaucoup qui,
s'ils m'entendaient te les dire, hausseraient les épaules de ma
naïveté. Cependant ils s'occupent de choses bien plus futiles, qui
ne mènent absolument à rien, sinon à les faire discourir indéfiniment pour ne jamais arriver à s'entendre. Malgré cela, ils sont
convaincus qu'ils sont sérieux et pleins de raison.

Tiens, il faut que je t'en donne une preuve qui n'est peut-être
pas la seule qu'on pourrait citer.

Comme je te l'ai dit, je lis parfois les journaux. Je lisais donc
l'autre jour qu'au milieu d'une salle de cours d'assises, un juré,
d'une imbécillité rare, envieux sans doute de se mettre en lumière,

ne se doutant pas que l'ombre lui était préférable, a refusé de prêter le serment d'usage exigé par la loi, sous le ridicule prétexte, qu'en jurant au nom de *Dieu*, auquel son esprit fort ou hébété ne croyait point, on attaquait et froissait sa manière de voir.

En quoi, je te le demande, sa manière de voir ou de penser est-elle bien froissée ? On ne le lui demandait point, mais seulement d'accomplir un devoir et de respecter la loi qui l'y oblige; il y a encore les convenances et le respect que l'on doit aux autres et devant lesquels un homme raisonnable s'incline toujours.

Une cour d'assises n'est pas un lieu où l'on vient discuter ses croyances, ce que l'on pense ou ne pense pas. Appelé en justice, le témoin doit dire la vérité; le serment qu'on lui demande, qu'on lui fait prêter est pour l'inviter à cela; le juré, de son côté, doit agir sans haine, sans colère, selon l'équité, et rien de plus.

Pour inspirer aux témoins et aux jurés, la fermeté nécessaire pour ne point faillir au devoir et à l'honneur, on a cru devoir invoquer le mot Dieu; on a pensé qu'en élevant l'esprit de l'homme dans l'infini, on devait le rendre inaccessible à la bassesse, à l'infamie. L'idée est donc bonne, selon moi. Si elle ne produit pas les bons effets qu'on peut en espérer, c'est la faute de l'homme, qui ne sait pas comprendre son devoir.

Le nom de Dieu, invoqué pour une chose aussi grave, est en quelque sorte, une marque de confiance donnée à ceux qui vous écoutent. Le serment doit être divinisé, pour ainsi dire. Il lui faut quelque chose de sacré, de solennel, qui frappe l'esprit et vous impose. Le nom de la divinité, qui veut dire vérité, bonté infinie, ne doit jamais précéder une mauvaise action. On croit mieux quelquefois à la parole d'honneur d'un homme selon le nom invoqué sur lequel elle s'appuie.

On jure bien aux noms de ses ancêtres, de son père, de sa mère; mais quand on invoque de telles ombres, quand on appelle à son aide ces noms vénérés et bénis, c'est pour la défense de l'honneur, de la vérité et pour la mieux faire pénétrer dans l'esprit de tous. Il en est de même du nom de Dieu. Et celui qui invoque un de ces noms pour commettre une mauvaise action, pour mentir, n'est plus qu'un misérable.

Enfin, en deux mots comme en mille, le serment n'a qu'un but : c'est de vous engager à dire la vérité, à être honnête. Étant la seule chose que l'on vous demande, être sincère ; pour qui veut l'être, il ne discute point là-dessus ; il se conforme à la loi et à la bienséance.

Celui qui ne comprend pas cela, qui vient bêtement distraire les débats et le sujet qui occupe les magistrats d'une cour d'assises, et même encore au préjudice du prévenu, par le temps qu'il fait perdre en retardant par ses futilités la solution de l'affaire en cause, n'est qu'un sot et un imbécile, ce que je crois t'avoir suffisamment exprimé.

— On prétend, dit Nicolas, que l'on peut dire également la vérité sans invoquer le nom de Dieu.

— Je ne le nie point. Mais il semble, selon la gravité du sujet, qu'en invoquant la divinité, on impose davantage à ses auditeurs, que l'on ne saurait trop convaincre quand il s'agit de la vérité, répondit Bertrand.

— On peut, sans nuire à la vérité, poursuivit Nicolas, jurer... sur *l'honneur*, la *conscience*...

— Sans doute, interrompit Bertrand. La vérité, je te le répète, peut se dire sans apprêt, sans invocation, c'est convenu. Mais pourquoi jurerait-on plutôt sur *l'honneur*, la *conscience?* La conscience! tous prétendent en avoir. Il y a des voleurs, des falsificateurs, des effrontés, qui jurent sur leurs consciences. Après avoir trompé et volé tout le jour, ils vous apportent leurs consciences en témoignage et ils l'invoquent pour vous prouver qu'ils sont honnêtes.

Tout cela, si tu veux le comprendre, est une controverse déraisonnable. A quoi discuter sur des choses qui ne mènent à rien ? Les esprits forts, très-forts même, qui sans preuve nient Dieu et ne veulent point de ce nom pour affirmer la sincérité d'un témoignage, ou prendre sous son invocation l'engagement d'être honnête, sous prétexte qu'ils n'y croient point, que répondraient-ils si on leur demandait ce que c'est que la *conscience?*

La conscience, comme la divinité, n'est-ce pas une chose spirituelle, impalpable; un mystère pour mieux dire. Selon moi, c'est la voix de Dieu secrète, qui pousse au bien jamais au mal;

à la vérité, jamais au mensonge. Quand on fait le contraire, c'est qu'on ne l'écoute point, mais seulement la voix des mauvais sentiments, qui vers le mal nous entraine... c'est-à-dire les entraine. Je parle des hommes.

Parler de conscience ou de la divinité, c'est, selon moi, retourner la phrase, ergoter pour ne rien faire qui vaille.

Que penser de M. Pelletan, qui, à ce propos, dans la discussion du serment, est venu demander au nom de quel Dieu il faut le prêter. Quel Dieu ? Pour tout le monde il n'y a qu'un créateur de toutes choses, ce me semble. Comment discuter là-dessus ? Les représentants du peuple et les sénateurs qui se livrent à cette occupation, perdent un temps précieux qu'ils pourraient consacrer à des choses plus utiles. Car, en vérité, qu'est-ce que cela fait que l'on jure d'une façon ou de l'autre ? Et pourquoi changer une formule, presque séculaire, pour être agréable seulement à quelques insensés. La vérité y gagnera-t-elle quelque chose de plus ? Point du tout. On ne peut faire en ce genre une loi ou une formule qui plaise à tout le monde, mais on peut conserver celle qui existe surtout quand elle ne nuit à personne. C'est le mérite de celle qui nous occupe. Cela empêche-t-il la pluie de tomber, au beau temps de venir ? En quoi cette formule de serment peut-elle troubler la digestion de ces graves discoureurs ?

Je te le dis en vérité. Ne rien faire de sérieux, de raisonnable, est bien souvent le passe-temps des hommes, nos nobles, très-nobles maitres.

— Il faut remarquer que c'est dans un but de conciliation que cela a été fait, objecta Nicolas. En jurant seulement au nom de *l'honneur et de la conscience*, la formule adoptée, on a voulu ménager la susceptibilité des athées, qui ne peuvent non-seulement entendre le mot Dieu, mais le prononcer eux-mêmes sans éprouver des convulsions.

— Tu veux rire, sans doute, dit Bertrand. En pareil cas, on ne peut trop ménager la susceptibilité des uns sans froisser celle des autres. S'il y en a qui ne veulent point parler de la divinité, d'autres en veulent parler. On ne peut faire une formule qui plaise à tout le monde et contenter les athées et les croyants.

9

Les uns et les autres, quand le fanatisme les pousse, sont tous insupportables; il faut les laisser de côté. C'est à la raison, quand elle peut s'imposer, à clore certains débats qui n'ont point d'utilité. Il ne faut pas augmenter les questions qui peuvent diviser les hommes; il faut au contraire avoir la sagesse de les diminuer s'il est possible. Pour leur malheur, elles ne sont bien que trop nombreuses. A te parler franchement, ces sortes de discussions ne me passionnent point. Je vois plutôt une perte de temps que le triomphe de la raison.

Les croyants, qui admettent la divinité, ne la respectent pas toujours d'une manière bien sensée ni respectueuse à mon avis. Si un désastre arrive, ils disent, sans réflexion : C'est Dieu qui se venge, qui châtie et punit les méchants, parmi lesquels il y en a de bons. C'est mal comprendre la divinité, puisqu'on dit qu'elle est d'une bonté infinie. L'accuser du mal qui peut se produire dans la nature, sans le savoir, c'est de la calomnie et un blasphème. Quand on adore quelqu'un, ce n'est pas ainsi que l'on en parle. Au contraire, on écarte toute pensée qui pourrait amoindrir votre idole. Avec Dieu on procède autrement. On l'abaisse à volonté, selon les circonstances. Les hommes le font méchant et vindicatif parce qu'ils le sont; et pour atténuer et diminuer l'importance des défauts et des vices qu'ils possèdent, ils disent carrément que l'homme est fait à l'image de Dieu et Dieu à celle de l'homme. Par esprit d'orgueil, ils le font petit, parce qu'ils ne veulent rien au-dessus d'eux, rien, malgré l'infini qui les écrase.

Les athées, de leur côté, comme tu le vois aujourd'hui, et sans savoir pourquoi, font la guerre à la divinité, comme si elle était pour quelque chose dans les troubles sociaux. Colères d'enfants. Ils ne veulent plus de son autorité. Et ne pouvant ni briser ni supprimer cette autorité toute-puissante qui gouverne toutes choses, ils la nient inconsciemment.

Cependant elle préside à tout, en tout et partout. Et c'est fort heureux qu'il en soit ainsi.

J'entends quelquefois des personnes se plaindre du temps, des saisons, des saisons trop froides ou trop chaudes; de la pluie, du soleil qui rayonne trop ou pas assez. Ce n'est jamais au goût de tous. Que serait-ce donc si tout cela était à la merci des hommes? On tremble d'y penser, en raison du peu de sympathie qu'ils semblent avoir les uns pour les autres. Tout serait renversé. On n'aurait peut-être plus de soleil. Pour quelques-uns, le petit nombre, qui le laisseraient tranquille et luire pour tous, combien d'autres ne seraient pas de cet avis? Chacun le tirerait de son côté, chacun le voudrait pour soi. Si bien que l'astre radieux, ainsi tourmenté, ne luirait plus pour tout le monde, mais pour les plus forts. Tout se mouvant au caprice, au gré de cette race folle, plus rien de stable. Les saisons seraient interverties ou elles ne seraient plus. L'esprit de parti aidant, on n'aurait ni soleil ni pluie. Ou les forts, les puissants, disposant du soleil pour eux, enverraient aux autres constamment de la pluie, ou une bonne grillade de soleil, quand un peu de pluie leur serait nécessaire. Ce qui se passerait n'aurait point de nom. On n'aurait qu'une tourmente continuelle. Les hommes se battraient avec la foudre, trouvant ce moyen plus expéditif que les mitrailleuses, invention toute *philosophique* et *philanthropique*. Disposant des éléments, ils s'enverraient réciproquement, par haine ou jalousie, la grêle et la pluie, dans l'espoir de se noyer mutuellement les uns les autres. Ce serait le chaos. Il n'y aurait, je suis sûr, plus de récoltes, rien, mais un déluge permanent, une tempête perpétuelle, conséquence inévitable de l'ambition des hommes et de l'imperfection malheureuse de leurs caractères. Aussi, ne pouvant que troubler la marche des astres, mais non les diriger sagement et en raison d'un plus grand mal qu'ils pourraient faire, il faut nous réjouir de leur impuissance sous ce rapport, et trouver bien les saisons telles que le Créateur les a faites et que nul ne changera jamais, puisque rien ne se meut sans lui. Sa grandeur, comme sa puissance, éclate de toutes parts, et nous environne; il suffit de regarder autour de soi pour s'en convaincre. Du grand au petit, du chêne au brin d'herbe, il y a le souffle de Dieu. Par lui rien n'est oublié. La chose la plus légère qui se produit affirme son existence. Et... Ici Bertrand s'arrêta pour écouter et prêta attentivement ses deux oreilles. Nicolas fit de même.

Tio, tio, tio, tiu, tiu, rrrititititiotio, tio, tio, trrri, ritio, tio, tio, etc.

— ·Tiens, fit Bertrand, c'est le héraut du printemps, comme l'a si bien nommé La Fontaine, qui vient nous faire une petite visite et nous distraire de nos ennuis. Qu'il soit le bienvenu, le pauvre petit !

En effet, un rossignol venait de se poser sur une branche de saule, en face de nos deux aliborons, qu'il semblait vouloir charmer par sa présence et ses trilles mélodieux. Si l'oiseau était heureux de chanter, nos deux ânes étaient ravis de l'entendre. Il s'arrêta un instant, paraissant fier et content de lui. Pendant cet instant de repos, un autre rossignol, placé un peu plus loin, lui répondit d'une façon aussi brillante. Le premier, ayant repris haleine, recommença; l'autre répondit encore. Pendant quelques instants ce fut un concert dans lequel nos deux jeunes virtuoses semblaient lutter et rivaliser de perfection.

Un soleil radieux éclairait cette scène. Tout était tranquille. Quelque chose d'enchanteur courait dans l'espace. Tout à coup Bertrand et Nicolas tressaillirent. Un coup de feu venait de se faire entendre, et le pauvre rossignol, si joyeux, si gai quelques instants auparavant, vint, en battant des ailes, tachées de sang, tomber aux pieds de Nicolas. L'oiseau était mortellement blessé. Il se débattit quelques secondes, luttant pour la vie contre la mort, mais vainement. Il fit entendre quelques petits cris plaintifs. Puis, ses forces épuisées, il expira.

Les yeux de Nicolas se mouillèrent de larmes. Il tourna la tête pour voir d'où était parti le coup. Il vit un homme, le fusil sur l'épaule, qui s'éloignait, insouciant de ce qu'il venait de faire.

— Bourreau ! dit Nicolas indigné, que t'avait-il fait? Pauvre petit !

— Voilà l'homme, mon pauvre ami, répliqua Bertrand. Où tu vois le mal, tu peux dire : l'homme est derrière.

— Quelle joie y a-t-il donc, pour certaines gens, à détruire ce qui ne les gêne point ?

— Quelle joie ! L'esprit d'un homme malfaisant est un abîme insondable quelquefois. Puisqu'il fait mal, c'est qu'il y trouve un plaisir. Va donc demander pourquoi il y a des hommes qui font appel à la science pour créer des engins de destruction pour exterminer leurs semblables, non pas toujours parce qu'on leur a fait du mal, mais parce que le bien-être de ceux qu'ils haïssent est supérieur au leur. Dans la haine que certains hommes portent à d'autres, il y a un mystère, quelque chose que je ne m'explique point, au-dessus de mon intelligence. Si tu en veux l'explication, il faut t'adresser à une tête plus forte que la mienne et qui n'ait pas les oreilles si longues.

— Quelle chose éphémère que la vie! fit tristement Nicolas, regardant toujours le rossignol inanimé. Comme tout passe! Heureux il y a quelques instants, plein de joie, de vie, et plus rien! Quel anéantissement!

Pour tout ce qui respire, c'est la même chose ; un peu plus tôt, un peu plus tard, là est toute la différence. Pour l'humanité, Chateaubriand l'a dit avec vérité : chaque heure dans la société ouvre un tombeau et fait couler une larme. Pour tous la tombe s'ouvre. Quand on songe à cela, il me semble qu'on ne devrait point songer au mal, que toutes les haines ne devraient point exister, mais toutes se fondre et disparaître. Ils ne s'instruisent de rien, et l'erreur dans laquelle ils vivent semble être éternelle.

— Ils n'aiment donc rien, fit Nicolas, ils ne redoutent donc rien et ils ne croient donc à rien ?

— Je ne sais. Mais croire ou ne pas croire, n'est pas plus l'un que l'autre un droit de mal faire, répondit Bertrand avec conviction. Une mauvaise action n'a pas d'excuse quand nul ne la provoque. Ce n'est pas par la crainte d'un châtiment qu'on ne doit point faire le mal, c'est, selon moi, par devoir, par justice. Ce n'est pas la vue ou la présence d'un gendarme qui doit m'arrêter dans une mauvaise action, mais le devoir et le droit qui me manque de porter préjudice aux autres. Cela ne se discute point.

Je suis étonné parfois que cela ne soit pas compris ainsi et qu'on le comprenne autrement. L'homme qui ne veut pas d'injustice, pourquoi serait-il injuste? Celui, par exemple, qui veut qu'on lui paie ce qui lui est dû, pourquoi, lui, à son tour, ne paierait-il pas ce qu'il doit? Où se trouve la raison de faire mal, quand d'autres font le bien, d'être improbes envers d'autres qui sont probes? Que répondre à cela et quelle réponse peux-tu me faire?

— Il n'y en a pas, répondit Nicolas. Il y a de ces vérités qui s'imposent d'elles-mêmes. Tu as raison, franchement raison, à mon avis. Celui qui fait mal ne peut exiger que les autres fassent mieux que lui sans se condamner eux-mêmes. La crainte peut servir aux enfants; mais l'homme, qui est un être raisonnable ou qui prétend l'être, doit bannir de son esprit toute espèce de préjugés et ne s'inspirer que du devoir qui est de toujours bien faire. Celui que la crainte d'un châtiment arrête dans l'exécution d'une mauvaise action, — c'est déjà quelque chose de très-heureux, — n'en est pas moins un malfaiteur, ignoré, cela est vrai, puisque l'action n'est pas commise; mais intérieurement, celui qui agit de la sorte doit avoir conscience de son infériorité. Encore une fois, je te donne raison. Le respect que chacun doit à son semblable est pour moi une religion, la première entre toutes, que chacun doit suivre. Ami, je t'écoute encore.

Bertrand reprit :

— Tu dis : ceux qui font le mal n'aiment donc rien? Il faut croire qu'ils aiment peu de chose. Mais la nature de l'homme méchant est de n'aimer que lui et il n'aime que lui. Le fruit de l'égoïsme, c'est l'amour de soi.

Sous le rapport des croyances, je ne sais trop que te dire. Je suis vraiment embarrassé. Tout ne s'explique pas. Que penser de certains individus, qui au nom de la divinité sont injustes et parfois cruels? L'histoire est pleine de faits odieux accomplis par des gens religieux, ou du moins qui prétendaient l'être. L'Inquisition fut établie pour servir Dieu, soi-disant. Mais enfin, il y avait des croyants, des fous, des fanatiques qui, de cette façon, croyaient le bien servir, puis les intrigants qui vivent des préjugés. De tous les temps, il y a toujours eu et il y aura toujours des esprits égarés qui penseront bien faire en faisant mal.

Le nom de Dieu, qu'on devrait seulement adorer, a divisé les hommes au lieu de les unir. Ce qui devrait les ramener à la raison les pousse à l'égarement. En son nom, que de fois on a tué, persécuté, quand on ne devrait l'invoquer que pour bénir ses semblables, leur porter bonheur, ou du moins ne pas songer à leur faire du mal en appelant sur eux la colère divine !

Les hommes, ou certains hommes, animés d'un mauvais

esprit, ont fait du grand nom de la divinité un brandon de discorde. La paix, en son nom, devrait toujours se faire ; bien souvent c'est la guerre. Et tu veux que je t'explique pourquoi certains croyants sont comme ceux qui ne croient à rien, je ne sais que te dire. On ne peut que constater l'aberration des uns et des autres et déplorer les désordres qu'elle produit.

*
* *

Chose vraiment inexplicable pour moi. Au nom de Dieu on ne devrait jamais faire le mal, quand il ne commande que le bien. L'histoire de la féodalité et des Croisades est pleine de tueries, de massacres, dont le récit vous donne un frisson d'horreur et d'épouvante. Je ne veux pas ici, ce qui serait trop long, te faire l'histoire de tous les rois. Pour cela, je te renvoie à l'excellente *Histoire de France* de Henri Martin. Je veux seulement te citer un fait qui s'est passé sous le règne de Philippe-Auguste :

Pendant son règne, le midi de la France eut sa large part de désastres... toujours pour la gloire et l'amour de Dieu. On fit le siège de la ville de Béziers pour l'extermination des hérétiques, pauvres hères qui n'avaient pas la même croyance que leurs persécuteurs. Et tout cela était commandé par les princes de l'Eglise, la maison de Dieu. Qu'auraient-ils donc fait, ces malheureux, si l'amour de Dieu ne les avait point inspirés et poussés à de tels méfaits ?

Pour ne pas altérer la narration des faits, je te cite un passage de l'*Histoire de France* de Henri Martin :

« Là, étaient les archevèques de Sens et de Bordeaux, avec
« huit évèques; le duc Eudes de Bourgogne, Simon, comte de
« Monfort-l'Amauri, les comtes de Nevers et de Saint-Pol, et

« une infinité de seigneurs et de chevaliers de France, de Lor-
« raine, d'Allemagne, de Bourgogne, de Lombardie, d'Aquitaine
« et même de Provence. Le poème provençal de la Croisade
« prétend que l'on comptait, sous l'étendard de la *Croix*, vingt
« mille hommes d'armes et plus de deux cent mille vilains ou
« paysans, sans les clercs et les bourgeois. On sent qu'il ne faut
« pas prendre ces chiffres pour authentiques.

« Ceux de Béziers, qui avaient pensé jusque-là que tout ce
« que leur évêque leur était venu dire n'était que fables, com-
« mencèrent à se grandement ébahir. Toutefois, quand ils virent
« que force leur était de se défendre ou de mourir, ils prirent
« courage entre eux et s'armèrent du mieux que chacun put ;
« puis ils sortirent pour charger les assiégeants. Adonc, l'*host*
« assiégeant commença de se mouvoir, en telle sorte qu'elle
« faisait trembler la terre. Les chevaliers croisés n'eurent pas
« le temps de prendre part au combat ; la multitude des *arlots,*
« — *ribauds, vagabonds,* — et gens de pied se précipita si
« furieusement sur les bourgeois qu'elle les rejeta dans la ville
« et y pénétra pêle-mêle avec eux. En peu d'instants, la cité fut
« inondée par des milliers d'ennemis furieux. Là eut lieu le
« plus grand massacre que jamais on eût fait dans le monde ;
« car on n'épargna ni vieux, ni jeunes, pas même les *enfants*
« *qui tétoient!*

« Les vainqueurs avaient demandé à l'abbé de Cîteaux com-
« ment ils distingueraient les hérétiques des fidèles : *Tuez-les*
« *tous! répondit Arnaud Amauri, tuez-les tous! Dieu reconnaîtra*
« *les siens.*

« Ceux de la ville se retirèrent, autant qu'ils purent, dans
« la grande église de Saint-Nazaire ; les capelans (les chanoines)
« de cette église firent tinter les cloches *jusqu'à ce que tout le*
« *monde fût mort ;* il n'y eut ni glas, ni cloches, ni capelans
« revêtus de leurs habits sacerdotaux qui pussent empêcher que
« tout fut passé au tranchant de l'épée, et il ne s'en sauva point
« un seul. Ce fut la plus grande pitié que jamais on eût vue ni
« ouï. La ville pillée, *ils y mirent le feu de partout, et tout fut*
« *dévasté et brûlé,* ainsi qu'on le voit encore maintenant ; *en sorte*
« *qu'il n'y demeura chose vivante.*

« La chronique Aubri ou Alberic de Trois-Fontaines prétend
« que la population égorgée, — par les croyants, bien entendu,
« — *s'élevait à soixante mille personnes*, dont sept mille au
« moins dans la seule église de la Madeleine ! Le contemporain
« Bernard Ithier de Limoges porte le nombre des morts à trente-
« huit mille. Arnaud Amauri en avoue vingt mille dans la lettre
« où il rend compte au pape de *sa victoire*. Tel fut le début des
« champions de la Foi (22 juillet 1209).

« Les croisés laissèrent derrière eux l'horrible monceau de
« ruines et de cadavres qui avait été Béziers, et prirent la
« route de Carcassonne. Un silence de mort régnait devant eux
« par toute la terre du vicomte Roger, etc. »

Ici je m'arrête. Tu trouveras la continuation de cet épouvantable récit et celui de la guerre faite aux Albigeois dans la
trente-quatrième page, et celles qui suivent du tome IV de
l'*Histoire de France* de Henri Martin, que je trouve supérieure à
celle de Michelet, cela dit en passant.

.•.

Eh bien ! que faut-il penser de tout cela ? quelle est cette
morale qui pousse au meurtre pour la défense de Dieu ? Comme
si Dieu avait besoin d'être défendu, lui, la puissance suprême ! Il
n'y a pas de raison, pas de morale pour excuser de pareils for-
faits, mais seulement la démence pour justifier ou atténuer la
culpabilité des sinistres auteurs qui s'en sont rendus coupables.

Les héros de tous ces désastres étaient, comme je te le disais,
tous princes de l'Église et de sang royal. Mais la condition des
individus ne saurait amoindrir ni excuser le mal qu'ils peuvent
faire. Au contraire, plus la condition d'un homme est élevée,

plus sa conduite doit être exemplaire. Étant placé au-dessus des autres, c'est l'exemple du bien qu'il doit donner.

Que le mal soit fait par des papes, des cardinaux, des arche-vêques, des évêques, des empereurs ou des rois, ou des laïques, le crime ne change point de nature ; le mal est toujours le mal. Ceux qui le font méconnaissent la loi divine.

L'abbé de Citeaux, ou Arnaud Amauri, qui disait : « Tuez-les tous ! Dieu connaîtra les siens, » était un fou ou un misérable intrigant.

Chose inouïe ! Invoquer le Christ pour dire de faire juste le contraire de sa morale. Oser dire de *tuer* quand lui, le Christ, disait : *Aimez-vous les uns les autres !* Quelle ressemblance y a-t-il entre ces deux phrases ?

* *

Dans ce qui s'est passé et se passe encore aujourd'hui, je ne vois pas de religion et pas davantage de religieux, mais seulement des dévots. Il y a des préjugés qui poussent les hommes en sens divers, mais pas de religion bien comprise pour ne les entraîner que vers le bien, ce que l'esprit religieux devrait faire si on l'écoutait de préférence aux préjugés. Chacun, de son côté, suit les pratiques du culte auquel il appartient, et se croit plus reli-gieux que d'autres qui ne font rien de semblable. On met trop souvent l'erreur à la place de la raison, comme certains dévots catholiques et protestants qui ne veulent pas travailler un diman-che dans la crainte d'offenser Dieu ! s'imaginant qu'en ne rien faisant ils le servent bien plus héroïquement que ceux qui tra-vaillent. Ceux qui mettent en pratique de telles idées ne font certainement de mal à personne, et ils sont bien libres de ne rien faire si cela leur plaît. Mais si ces idées, mises en pratique, étaient préjudiciables à autrui, auraient-ils assez de raison pour ne rien manifester? Si le préjugé était plus fort que la raison, cela ne pourrait-il pas les entraîner à des excès? C'est dans les choses possibles et l'on peut le craindre.

Il n'y a pas de jours propices pour faire le mal; mais, pour faire le bien, ils sont tous bons. Ainsi, en quoi le travail du dimanche peut-il bien offenser la divinité? quel mal y a-t-il à se livrer à cette occupation, non-seulement par nécessité, mais pour le plaisir de soi-même? Qu'est-ce que cela peut bien faire à la divinité que je travaille un dimanche, si ce n'est point pour mal faire? Comme si rien de semblable pouvait l'indisposer, elle, qui veille sans cesse sur tout l'univers! C'est vraiment rabaisser l'esprit de la Providence. Et, il faut bien le dire ici, c'est le fort des soi-disant religieux de toujours la faire descendre à leur niveau. Quand l'esprit religieux ne pousse pas au bien, à la solidarité les uns envers les autres, quand il pousse à l'idiotisme et à la persécution, il faut le saper dans sa base.

Le dimanche étant un jour de repos, rien de mieux que de le conserver. On fait bien de se reposer. Le corps et l'esprit en ont besoin; c'est une raison pour reprendre, le lendemain, le travail avec plus de courage et d'énergie. Mais s'il est nécessaire de travailler ce jour-là, il faut le faire simplement comme un autre jour, se conformer au devoir, à l'utilité qui vous y oblige, de préférence au préjugé.

Parlons raison, si nous pouvons, et parlons d'une chose plus grave. Si ces enfants, qui ne veulent pas travailler *un dimanche*, étaient malades, ce même jour, que diraient-ils si les médecins, qui sont également des travailleurs, ayant comme les autres besoin de repos, ne voulaient pas, pour se reposer le dimanche, les venir voir et qu'il les laissassent souffrir plutôt que les venir soulager?

Tout cela est un détail, je le reconnais. Mais c'est pour te faire voir que, dans les petites choses comme dans les grandes, les préjugés conduisent plus souvent les hommes que ne le fait la raison. Seulement, s'ils réfléchissaient, la raison pourrait les éclairer, tandis que les préjugés les égarent.

En fait de religion, et la plus vraie selon moi, c'est de ne rien

faire, en aucun sens, qui soit préjudiciable à son semblable.
Tout est là pour vivre en paix.

Qu'il y a peu de religieux en ce genre !

Cela n'a jamais été observé, autrefois comme aujourd'hui,
parce que les hommes sont plutôt dévots, hommes de partis, que
vraiment religieux ou philosophes.

* *

Ceux qui ne veulent pas de Dieu semblent ne connaître, en
fait de religion, que leurs caprices et leurs intérêts; ceux qui
l'invoquent sont de même et ne sont pas plus sages. Ils n'ont
rien parfois de cette sagesse divine dont ils se revêtissent, mais
qu'ils ne mettent pas toujours dans leurs actions. S'ils compre-
naient, comme ils le prétendent, l'idée de Dieu et qu'ils s'inspi-
rassent vraiment de son esprit, ils ne devraient jamais se laisser
entraîner à commettre des actes déloyaux. Ils ne devraient
jamais médire, ne jamais faire usage de mauvais propos, de
termes injurieux, obscènes quelquefois envers leurs adversaires
et même en parlant de leurs morts. Les religieux, qui se croient
supérieurs à tous, devraient donner l'exemple de la douceur en
toutes choses, ou du moins s'efforcer d'être ainsi le plus souvent
possible. C'est bien de défendre l'image du Christ; mais pour
la bien défendre efficacement et sérieusement, il faut suivre et
pratiquer ses principes.

On n'est pas religieux parce qu'on parle de Dieu à tout propos.
Il fut également invoqué pour le massacre des protestants, le
jour de la Saint-Barthélemy. Si quelque chose peut lui être
agréable, c'est le bien et non le mal, toujours fait au préjudice
de son semblable.

La haine, ce qu'ils ne devraient pas connaître, étant pénétrés du saint esprit de la divinité, leur fait dire parfois des choses déraisonnables. Ainsi un de leurs adversaires, républicain ou autre, vient à mourir, ils disent inconséquemment : « C'est le doigt de Dieu qui le frappe. » Sottise. Le doigt de Dieu dirige toutes choses ici-bas; nous sommes tous, bêtes et gens, à un moment donné, frappés du doigt de Dieu, puisque nous mourrons tous. Et si la mort était un châtiment, nous serions tous châtiés.

Je te le répète, il n'y a pas de religieux proprement dits, mais des fanatiques que les préjugés conduisent et d'autres qui les exploitent à leur profit. C'est dans la religion comme dans la politique, toujours de l'intrigue, de préférence à la vérité. Voilà l'humanité un peu en toutes choses, le plus souvent.

— Et la conclusion de tous nos discours, dit Nicolas d'un air pensif, quelle est-elle ? Que faut-il faire pour le bonheur de cette humanité, qui se débat sans cesse contre l'influence funeste de ses propres erreurs ?

— Qu'elle se réforme elle-même, qu'elle devienne meilleure. Elle porte en elle le bien et le mal; qu'elle abandonne le mal pour le bien, l'injuste pour le juste.

— C'est vite dit. Mais ce n'est pas cela que je veux dire. Si tout allait bien, il n'y aurait rien à faire. Quelle forme de gouvernement faut-il lui donner pour qu'elle soit plus heureuse, plus tranquille ?

— Celui que tu voudras, le plus digne et celui qui coûtera le moins cher à la nation, au peuple, afin qu'il ne puisse pas toujours dire qu'on lui prend ses sueurs.

— La République, alors.

— La République, si les hommes appelés, ou qui se présentent pour la représenter ont assez de justice, de savoir-vivre et d'honnêteté pour la rendre respectable et la faire aimer, sinon par tous, mais respectée de tous. La République, si c'est mieux que la monarchie; mais si c'est la même chose, pourquoi changer ? Je crois te l'avoir dit. Je suis pour le bien; je suis avec tous ceux qui le font, contre tous ceux qui font le mal, qu'ils soient cléricaux, monarchistes ou républicains. L'injustice des uns et des autres, ce qu'ils devraient tous comprendre, n'est jamais acceptable. Dans un gouvernement, c'est aux principes qu'il faut s'attacher. Je ne tiens pas exclusivement au nom qu'il porte, mais aux bienfaits qu'il donne. A mon avis, cela me semble seul sérieux, raisonnable. Et les bienfaits d'un gouvernement viennent toujours de l'équité, de la sagesse des hommes qui le représentent. La République, si tu veux, pourvu qu'elle n'ait pas les défauts de la monarchie; la République, pourvu que les hommes appelés à la représenter songent à l'intérêt de la nation, de préférence à leur intérêt personnel; des hommes qui viennent avec l'intention de bien faire et de mieux faire que leurs prédécesseurs... s'ils ont mal fait et manqué d'honnêteté. En un mot, apporter au pouvoir le mérite que les autres n'avaient point. Il ne faut pas qu'ils fassent rien au-dessus de leurs forces et qu'ils se sacrifient : on ne peut l'exiger de personne. Mais qu'ils fassent seulement leur devoir dans le poste qu'ils auront à remplir, ou se retirer si leur intérêt particulier en devait trop souffrir. Comme tu vois, c'est mettre tout le monde à son aise, ce qui doit être en pareil cas.

Il ne faut pas farder l'humanité, ni la noircir injustement, mais la bien voir telle qu'elle est, avec toutes ses imperfections, involontaires peut-être, mais qui, bien souvent à son insu, sont autant d'obstacles au succès des grandes choses. Or, pour fonder la République et faire triompher tout ce qu'elle peut renfermer de sublime, il faut, ce qui a été dit, des hommes justes, car le sublime ne peut venir que de leur côté, s'ils veulent bien le faire. Tous les gouvernements sont mauvais quand ils sont mal représentés. Trouves-tu que les hommes équitables soient plus nombreux que les autres? Je vois peut-être mal, mais, selon moi, c'est le contraire. Qu'en penses-tu?

— Qu'il faut les prendre comme ils sont, dit Nicolas.

— Sans doute. C'est plus vite fait. Mais, pour fonder la République, comme toute autre chose, il faut de l'entente. Les républicains qui veulent cette forme de gouvernement ne s'accordent même pas entre eux. Ils sont presque tous jaloux des uns et des autres, malgré leur grand mot de fraternité qu'ils jettent aux quatre vents, sans réfléchir à l'esprit de conciliation qu'il renferme.

Au pouvoir, quand ils y sont, ils veulent tous un peu commander, et nul n'est bien disposé à obéir. Un peu de pouvoir, d'autorité, semble les griser. La plupart veulent être maître, être roi, bien qu'ils soient ennemis de la tyrannie quand elle vient d'une autre source que la leur. La plupart, également, veulent le pouvoir, non pas toujours dans l'intérêt du pays, mais quelquefois pour satisfaire un intérêt particulier. De là les coteries dans lesquelles disparaît l'intérêt général. Cela se voit chez les autres partis, je le sais; mais les républicains, qui se donnent comme étant supérieurs à tous, ne devraient pas faire de même. Pourquoi en est-il ainsi ? C'est que, là comme ailleurs, il y en a beaucoup qui n'ont, bien souvent, en fait de mérite, que la prétention de celui qui leur manque.

Ceux qui arrivent, qui sont satisfaits, bien casés, qui espèrent l'être mieux encore, trouvent tout bien, et, à l'adresse des forts qui les ont placés, disent parfois au milieu de leur satisfaction : Nous devons conserver celui-ci, celui-là, les X... ou les Z..., etc. On ne tarit plus tant que dure la bonne fortune.

Il y a des intrigants partout ; mais, si c'est possible, il faut prendre ceux qui le sont le moins ou pas du tout ; ne donner les places qu'aux plus équitables, quand on peut les découvrir, et aux plus intelligents. Un certain nombre en acceptent quelquefois sans bien réfléchir s'ils peuvent les remplir. On peut aimer tel ou tel gouvernement, mais cela ne veut pas dire qu'on ait les aptitudes nécessaires pour gouverner un Etat.

Ce qu'il faut pour la prospérité d'une nation, c'est une sage et intelligente administration. Cela peut se trouver pour tous les gouvernements, quels qu'ils soient et le nom qu'ils se donnent. Pour cela, il faut des hommes éminemment sérieux, sages, économes, qui aient le bon esprit de simplifier les impôts et non pas les multiplier comme on le fait aujourd'hui ; que ces hommes aient aussi le bon esprit de supprimer certains impôts vexatoires : un surtout, tiens, espèce de dîme ou de redevance qui, à elle seule, est l'expression de l'imbécillité et de l'iniquité.

Je veux parler de la mainmorte. Trouve-moi quelque chose de plus odieux — c'est le mot — et de plus déraisonnable ?

Ainsi, une famille perd un des siens : l'Etat s'empresse de faire

faire une enquête, un inventaire sur ce qu'elle peut posséder, et s'arroge le droit, vieux privilége de la féodalité, de lui prendre une partie de cette somme qu'elle possède, qui lui est laissée, qui n'appartient qu'à elle. Ce n'est pas assez de la douleur de perdre un des siens, il faut encore que l'Etat vienne vous affliger par la spoliation.

En procédant toujours ainsi, à chaque décès des membres d'une famille, il est prouvé qu'au bout de sept années environ la propriété passe dans les mains de l'Etat. Prenant, de cette façon, le bien de tous les citoyens, l'Etat ou les gouvernements doivent être immensément riches. Mais, selon moi, tout gouvernement qui, de la sorte, prend possession du bien d'autrui manque de probité. Cela doit disparaitre dans l'ordre social parce que c'est souverainement injuste. A quoi bon toujours parler du progrès si, dans les choses justes, honnêtes, il ne se fait point sentir pour les faire triompher?

Tous les gouvernements, jusqu'à présent, ont mis à leur profit ce système en pratique. Mais, malgré l'argent des uns et des autres qu'ils s'approprient, ils empruntent toujours. Il faut éviter les emprunts et n'avoir recours à ce moyen que dans des moments extrêmes et pour le salut de la patrie.

Les emprunts répétés sont toujours des charges nouvelles pour les citoyens. Là, comme partout ailleurs, il faut de l'économie, mais l'économie bien ordonnée, qui consiste à ne faire des dépenses que dans l'intérêt du pays et pour des choses vraiment urgentes, utiles. L'économie doit être religieusement observée par les hommes du pouvoir, attendu que, faute de prévoyance sous ce rapport, ils dépensent et sacrifient l'argent des citoyens. Il ne faut pas de l'avarice, mais de la sagesse.

Je te le répète, pour gouverner un Etat il faut, si c'est possible, des philosophes, des hommes qui font de la probité une vertu politique et sociale; des hommes profondément instruits, connaissant l'histoire du passé pour les aider dans le présent à bien faire et faire des lois, non seulement conformes aux caractères des peuples, — ce qu'il faut encore observer, — qu'ils sont chargés d'administrer, mais des lois conformes à la justice, à la raison, source divine qui toujours devrait conduire les hommes, l'humanité ; des hommes bons, désireux de bien faire, dont l'élévation de caractère et la sagesse de leur administration imposent à tous ; sachant concilier, dans la mesure du possible, les grands intérêts de tous et maintenir à la fois le respect et l'harmonie entre tous les citoyens. La grandeur d'un peuple naît quelquefois de ceux qui le gouvernent : selon comme ils se conduisent, ils lui enseignent la licence ou le savoir-vivre.

Gouverner un peuple, mon pauvre Nicolas, quand on songe aux idées diverses qui le divisent, quelle lourde et pénible charge pour mettre tout ce monde d'accord ! Pour celui qui se lance dans cette carrière, quel dévoûment il lui faut avoir ! C'est en quelque sorte le rôle du père ou de la mère de famille qu'il s'impose. Et quelle reconnaissance on doit à celui qui se consacre à cette abnégation de lui-même !

Les hommes qui veulent le pouvoir, qui intriguent pour cela, songent-ils bien, se pénétrent-ils sérieusement des devoirs qu'ils ont à remplir et de la responsabilité qui peut peser sur eux en cas d'insuccès ?

Quelques-uns, je ne le nie point, mais c'est le petit nombre, que les coteries intrigantes ont bien le soin de tenir à l'écart. Mais la plupart n'ont qu'une idée : être en place pour un intérêt particulier. Si tous étaient bien pénétrés de la mission qu'ils ont à remplir, tu verrais moins de compétiteurs se présenter pour gouverner. Il faudrait, j'en suis sûr, les chercher aussi bien pour la Monarchie que pour la République.

Je ne te dirai pas de prendre les uns et les autres de préférence pour gouverner, mais de prendre les meilleurs où ils se trouvent, qui sont profondément bons, qui ont cette bonté du cœur qui, bien souvent, est le salut de l'ordre social et sauve les citoyens de la guerre civile. Comme le peuple, malgré sa haute intelligence, a besoin d'être conduit, d'être gouverné, qu'il est difficile et délicat de le bien faire, il faut donc, pour cela, des hommes sérieux, spécialement créés pour cette intelligente et rude besogne ; des hommes bien pénétrés de la mission qu'ils ont à remplir ; qui s'occupent de faire la grandeur du pays et non pas de songer uniquement à s'enrichir en ayant l'air de le servir. Ceci à l'adresse de *tous les partis...*, parce que, dans *tous les partis*,

10

il y en a qui sacrifient l'intérêt de la nation à leur position personnelle.

Il faut aussi, par mesure de prudence, écarter les fanatiques politiques ou religieux : les uns et les autres sont dangereux et trouble-fêtes. Le fanatisme étant l'aveuglement, il n'en faut donc pas.

L'esprit philosophique doit planer sur celui d'un peuple, afin de le préserver des révolutions violentes. C'est pour cela qu'il faut des philosophes au pouvoir, qui, toujours admettant le libre examen, dont ils doivent être les fidèles apôtres, se font un religieux devoir de ne jamais exercer de persécutions, en raison même de cette libre pensée que l'on doit toujours défendre.

Et dans les hommes bien intentionnés qui se présentent pour gouverner, si, une fois à l'œuvre, ils se reconnaissent incapables ; s'ils trouvent que la tâche, qu'ils ont recherchée, est au-dessus de leur force, qu'ils se retirent : en pareil cas, c'est le devoir d'un honnête homme et d'un bon citoyen. C'est ainsi qu'il faut procéder pour arriver à quelque chose de bien et de sérieux.

Maintenant, quant à la République, puisque tu m'en parles, rappelle-toi qu'on n'aura réellement cette forme de gouvernement que lorsque les hommes, ou le peuple, comprendront que ce n'est pas la licence mise en pratique, mais l'honnêteté, la probité pour tous, la multiplicité des devoirs mis en action par tous les citoyens les uns envers les autres, et non pas la multiplicité des mauvais procédés. Et sous quelque gouvernement que ce soit, en procédant ainsi, je crois que l'on peut être heureux.

— Tu veux tant de choses, dit Nicolas, que cela vous décourage.

— Je ne veux décourager personne, Dieu m'en garde. L'espoir est à tous. Chacun juge à sa manière. Mais je vois les hommes tellement divisés, que je crois difficilement au bonheur de l'humanité. Pour vivre en paix et dans le calme, il faudrait bien souvent vivre loin des hommes. Notre malheur à nous, mon pauvre ami, est de les avoir pour maîtres.

Comme Bertrand achevait de parler, une voix brutale se fit entendre :

— Nicolas ! Nicolas ! viens ici ! Viens-tu ici, grand *feignant !* Ne me fais pas déranger, tu sais ?

C'était Nicolas que son maître venait chercher. Mais ce dernier, préoccupé et réfléchissant aux paroles de son ami Bertrand, n'avait pas entendu qu'il était appelé, ce qui peut arriver à un homme.

— Nicolas, ton maître t'appelle, va le rejoindre, lui dit doucement Bertrand.

Nicolas allait suivre ce sage conseil, lorsque son maître, sortant tout à coup de derrière une haie, vint sur lui, furieux d'impatience, et lui cingla l'échine et les jambes de violents coups de fouet.

— Ah! tu ne veux pas venir! Tiens! tiens donc, *rossard!* Va donc, dit le maître, en donnant à la pauvre bête de nouveaux coups de fouet.

Nicolas, surpris, ahuri, — qui ne le serait pas! — la queue entre les jambes, s'éloigna en laissant échapper un gémissement.

Bertrand le regarda tristement s'éloigner.

— Pauvre ami! dit-il.

Puis, regardant le maître et la bête, il ajouta :

— En voilà encore un qui pense et prétend, comme bien d'autres, nous être supérieur. Si c'était au moins du côté de la clémence et de la bonté! Ils veulent toutes les supériorités, même celles qui leur manquent. Ce que c'est que les idées et l'esprit d'orgueil chez les hommes! Enfin! dit-il en soupirant, il faut leur pardonner, et pour leur bonheur à tous, leur enseigner la clémence pour la leur inspirer.

Puis il s'éloigna, regagnant lentement son gîte.

COMBET, Jean-Louis,

Octobre 1883.